货币的非国家化（修订本）

[英] 弗里德里希·冯·哈耶克 ◎ 著

姚中秋 ◎ 译

海南出版社

·海口·

Denationalisation of Money

By Hayek,F.A

First published by the Institute of Economic Affairs，London，in 1976

中文简体字版权 © 2018 海南出版社

图书在版编目（CIP）数据

货币的非国家化 / (英) 弗里德里希·冯·哈耶克
(Friedrich von Hayek) 著；姚中秋译 . —— 修订本 . ——
海口：海南出版社，2019．5 (2024．12 重印)．
书名原文：Denationalisation of Money
ISBN 978-7-5443-8543-5
Ⅰ．①货… Ⅱ．①弗… ②姚… Ⅲ．①货币理论 – 研
究 Ⅳ．① F820
中国版本图书馆 CIP 数据核字 (2018) 第 282361 号

货币的非国家化（修订本）
HUOBI DE FEI GUOJIA HUA

作　　者：[英] 弗里德里希·冯·哈耶克
译　　者：姚中秋
策划编辑：谌紫灵
责任编辑：张　雪
封面设计：MM末末美书
　　　　　QQ:974364105
责任印制：郄亚喃
印刷装订：天津联城印刷有限公司
读者服务：张西贝佳
出版发行：海南出版社
总社地址：海口市金盘开发区建设三横路 2 号　　邮编：570216
北京地址：北京市朝阳区黄厂路 3 号院 7 号楼 101 室
电　　话：0898-66812392　010-87336670
电子邮箱：hnbook@263.net
经　　销：全国新华书店
出版日期：2019 年 5 月第 1 版　2024 年 12 月第 10 次印刷
开　　本：880 mm×1 230 mm　1/32
印　　张：8.375
字　　数：188 千字
平装书号：ISBN 978-7-5443-8543-5
精装书号：ISBN 978-7-5443-8545-9
定　　价：49.00 元

中文序言
CHINESE INTRODUCTION

现实经济运行出现的显著动荡与纷争会促使人们从理论上进行反思，特别是会促使人们尝试从经济思想的演变历程中寻求启示。正是在这个意义上，经济思想史上的一些经典著作、代表性的学者往往会在大变革时期被人们频繁地提及。亚当·斯密是这样，凯恩斯是这样，哈耶克也是这样。

这一次，哈耶克被频繁提及的大背景是数字货币的风起云涌、泥沙俱下。支持者四处布道声称这是货币革命，批评者痛心疾首视之为金融骗局。争论之下，大家纷纷尝试在经济思想史中寻找理论支持，于是，他们都找到了哈耶克，找到了《货币的非国家化》这本影响深远的小册子。

要理解哈耶克和《货币的非国家化》，需要将其放在经济思想史和货币金融体系演变史中来定位和考察。

经济思想史演变中的哈耶克

自 1776 年亚当·斯密发表《国富论》以来，市场这只"看不见的手"与政府这只"看得见的手"便频繁出现，这"两只手"的关系及定位几乎成为不同经济学流派争论的焦点与核心。从亚当·斯密、大卫·李嘉图到阿尔弗雷德·马歇尔，自由市场经济从理论到实践、从孕育到发展，出现了第一次全盛时期。卡尔·马克思和卡尔·门格尔则在《国富论》出版差不多 100 年后，分别撰写出《资本论》和《国民经济学原理》。在苏联阵营，马克思主义政治经济学逐渐成为经济政策的主导；几乎与此同时，以美国为代表的西方阵营则在经历大萧条以及经济学界对大萧条进行反思后开始实行凯恩斯主义政策，"看得见的手"以不同的方式在两大阵容中占据主导地位。对于公众来说，强调"看不见的手"的论调在这一时期几乎难见踪影。

这一阶段的奥地利学派，虽然在欧根·冯·庞巴维克、弗里德里希·冯·维塞尔、路德维希·冯·米塞斯和弗里德里希·冯·哈耶克等人的持续努力下，无论是理论体系还是政策见解都更加成熟、完善，社会影响力也日益扩大，但是在当时占据主导地位的"看不见的手"的理论与实践面前，这些都显得势单力薄，无论是对"兰格论战"①的应对，还是对凯恩斯主义的批判，都收效甚微。

---

① 　20 世纪 30 年代，以路德维希·冯·米塞斯和哈耶克为代表的一批奥地利经济学家，与以奥斯卡·兰格为代表的拥护"市场社会主义"的经济学家之间，围绕英国经济学家约翰·梅纳德·凯恩斯的《货币论》和正在蓬勃兴起的前苏联经济模式，爆发的一场激烈的论战。

　　第二次世界大战后，西方各国经济的黄金发展期也就在事实上成了奥地利学派黯淡无光的日子。凯恩斯主义如日中天，马克思主义在苏联等社会主义国家如鱼得水，这些都让奥地利学派的身影成了"看得见的手"面前孤单无助的幻影。

　　从1871年门格尔出版《国民经济学原理》到1974年哈耶克获得诺贝尔经济学奖，在现代经济史的百年风云中，若说奥地利学派经历了"百年孤独"或许有些夸张，但至少它未曾收获其应有的荣光。随着西方国家主要经济体深陷"滞胀的70年代"，"逃不开的经济周期"卷土重来，凯恩斯主义的大厦一时间似乎开始摇摇欲坠，以哈耶克为代表的奥地利学派对经济周期的分析以及对凯恩斯主义的批判使其再次进入经济学理论与实践的聚光灯下。1978年，中国开始了影响深远的改革开放；1979年，现代自由市场经济的发源地——英国迎来奉哈耶克为座上宾的撒切尔夫人，开始全面推进自由化改革；1981年，里根成为美国总统，其新自由主义经济政策与撒切尔夫人遥相呼应。

　　在阿兰·艾伯斯坦撰写的《哈耶克传》中，有下面这样一段描述。在1989年哈耶克90岁华诞之际，撒切尔夫人写信给哈耶克说："到本周，我荣任首相一职已达10年。很多人非常慷慨地评价了我们的政府所取得的成就。当然，我们还有很多事情要做。但如果没有那些价值和信念将我们引导到正确的道路上，并为我们提供正确的方向，那么我们不可能取得任何成就。您的著作和思考给予我们的指导和启迪，是极其重要的。您在这方面厥功至伟。"

　　哈耶克90岁华诞的大礼远不只是来自撒切尔夫人的感谢信。在他生命的最后3年多时间里，东欧剧变、苏联解体、邓小平的

"南方谈话"重启中国的改革，大萧条以来被"看得见的手"全面压制的"看不见的手"一时间在全球范围内迎来彻底的反转。

从拉美债务危机、亚洲金融危机、美国长期资本管理公司危机以及随后的"9·11"社会危机，再到2008年美国金融危机、2010年欧洲债务危机、2018年中美贸易争端等，在全球不同国家的经济理论与实践中，在不到30年的时间跨度内，全球范围内更加一体化、更加自由的经济活动却显得更为动荡，各种矛盾更为突出。

在经济思想的发展历程中，现实的经济冲突与动荡可能对经济实践来说是一场灾难，但往往也是经济思想发展的一片沃土。面对实践对理论带来的一次又一次挑战，在政府与市场关系这一根本性问题上，我们还可以从经典经济理论中获得哪些启发呢？

货币金融体系演变中的哈耶克

从人类文明的发展历程来看，最原始意义上的货币的出现也只有5 000年左右的时间。据尤瓦尔·赫拉利《人类简史》的介绍，人类历史上最早的金钱制度，大约是公元前3000年苏美尔人的"麦元"制度，也就是将固定量的大麦谷粒作为通用货币单位来衡量和交换其他货物和服务。我也曾见过一个陶罐装满了小贝壳，那是人类早期的贝币。公元前2500年左右，美索不达米亚出现了白银货币制度，贵金属开始脱离其一般的使用价值转而作为一种货币存在。而第一枚硬币的出现，还要等待近2 000年——约公元前640年，土耳其西部吕底亚王国的国王克罗伊萨斯铸造出史上第一批硬币。第一张纸币的出现还要更晚——公元 1000 年左右，在中国的四川地区，一些商户开始印制并发行一种名为"交子"的纸币，但到公元 1023 年，宋仁宗就把这一纸币的发行权收归政府独有。当然，"交子"这种纸币与现代意义上的纸币，无论是在形式上还是在实质内容上都存在许多不同。1694 年，世界上最早的中央银行英格兰银行创立，并很快开始发行银单，纸币开始逐渐在欧洲流行起来。但是，要想真正进入信用货币时代，人们还有很长的路要走。

在通常的货币金融演变历史中，关于货币制度的历史演变，一般被归纳为金属本位与纸币本位，而金属本位中的黄金本位又有金币、金块、金汇兑本位制等区别。但是，如果对中国经济金融史有所了解的话，可能实际分类会更为多样和丰富。比如，中国最早的货币是贝，这也是汉字"财""货"皆从"贝"的字源学解释。当然，汉字"钱"中的"金"并非指黄金，而是指铜甚至铁等金属。直到明朝中后期，随着富含白银的美洲新大陆的发现，白银大量流入中国，并逐渐取代铜等成为明清时代中国的主要货币金属。在中国，黄金虽然一直具有崇高的地位，却鲜少被应用于流通领域中。1581 年，张居正大力推行的"一条鞭法"积极鼓励民众用白银支付税款，使白银逐渐成为经济社会的主导货币，同时也显著影响了白银的国际流动。1493—1800 年，全世界85% 的白银和 70% 的黄金都出自美洲。16 世纪中期到 17 世纪中期，美洲生产了 30 000 吨白银，日本大约生产了 8 000 吨白银，总计 38 000 吨白银，最终流入中国的白银达 7 000～10 000 吨。事实上，白银的国际流动在民国时期对中国经济的影响非常大——其迫使民国政府在 1935 年 11 月 3 日宣布在全国范围推行法币制度，并逐渐滑向超级通货膨胀。

除了货币的物质载体不同，中国货币的发行也具有自身特点。春秋战国时代，各国都各自发行本国货币。之后，秦国一统六国，同时也统一了货币的发行权，其通过秦半两钱确定下来的圆形方孔的形制一直延续到民国初期。汉朝初期，尤其是汉文帝时，"除盗铸钱令，使民放铸"，于是"盗铸如云而起"，自由的货币发行权不仅造成了货币的再次混乱，也让铸钱的商人大发横财。公元前 113 年，汉武帝收回铸币权，由中央统一铸造五铢钱，五铢钱成为当时唯一合法的货币。从此，由中央政府对钱币铸造、发行的统一管理体制确立。历史上的纸币"交子"也只存在了 20 余年，其发行权就被收归当时的中央政府。此外，由于货币基本都是贵金属，朝代更替一般不会带来前朝货币的彻底被废除或被禁止使用的情况。而且，由于无法彻底禁止商人熔钱币、铸铜器等行为，虽然大多数朝代都会要求收回前朝钱币而发行自己的钱币，但某一时期的货币总量事实上很难测算，也很难根据经济的增长或衰退而调整货币总量。当然，虽然金属开采不可能在短期内大幅增加，但政府也并非对货币总量毫无办法，比如著名的王莽币制改革，就强制废除五铢钱，而一比一替换为重量仅为一铢的"小泉直一"——相当于民众手中的五铢钱一下子贬值了80%，而政府可发行货币总量也相当于增加了 4 倍。王莽的一系列币制改革导致"农商失业，食货俱废，民涕泣于市道"，为其最终的失败埋下了祸根。

在金属本位制下，虽然有王莽这样赤裸裸地收铸币税者，但相对来说，在现代经济体系中的信用货币体系下，无论是在意图上还是手段上，"政府之手"都对铸币税更加得心应手：在民国出现恶性通货膨胀的时期，为了买一袋米，往往需要推着一车的钱；魏玛共和国时期，出现了最大面值达100万亿马克的纸币；10年前的津巴布韦央行发行过面值100万亿的纸币；等等。所有这些都让王莽的"小泉直一"或"一刀平五千"等相形见绌。

当然，即使是在信用货币体系下，这种恶性或者超级通货膨胀也是比较罕见的。更常见的，同时也是争议更大的，是所谓的温和的通货膨胀，即只要对"政府之手"进行约束，比如规定年通货膨胀率不高于3%或2%，很多人认为，不仅无害，反倒有利于促进经济发展，实现充分就业，熨平经济波动。这一切听起来非常美好，2003年，时任美国经济学会主席的罗伯特·卢卡斯直言，从所有实际目标来看，防止萧条的核心问题已经得到了解决，实际上已经解决几十年了。可惜，卢卡斯言之过早，至少早了4年。正如英国金融服务局前主席阿代尔·特纳在其反思美国金融危机的重要著作《债务和魔鬼》一书中所指出的，尽管通货膨胀维持低位，过量信贷还是引发了危机。究其原因，一是信贷投放创造的债务合约导致了负面后果，二是发达经济体的多数信贷未用于支持新的资本投资。

由特纳勋爵来回顾和反思2008年金融危机，既合适又不合适。合适的地方在于，他不仅是负有盛名的经济学家，更是应对金融危机的直接参与者；不合适的地方在于，他自己都承认，直到2008年秋天，他都完全未察觉到这场大萧条以来最严重的金融危机已经以排山倒海之势扑面而来，以至于为了理解这场危机的根源和后果，他不得不重新捧起维克塞尔、哈耶克和明斯基等人布满灰尘的著作。从特纳这本书的名字就可以看出他对债务的态度。

在动荡的金融危机中，人们重新提出了哈耶克当年提出的问题：货币发行权难道天然就归属于政府吗？难道"市场之手"不能像接管衣食住行用各色商品一样接管货币吗？

批评货币非国家化的论者则强调，在缺乏信用约束的经济社会环境中，把货币发行权完全交给市场可能会带来新的冲击。如果市场上同时存在多家机构发行的多种货币，那么面对随时波动的汇率，商场内琳琅满目的商品该如何标价？如果发行货币的机构破产了怎么办？是不是需要政府对货币发行机构进行监管？政府与货币发行机构合谋怎么办？

也正是因为货币非国家化存在各种各样的问题，哈耶克的这本《货币的非国家化》一直未能如他的其他著作那样受到太多的关注。事实上，在这本书中，哈耶克本人也坦承，"货币的非国家化"这一制度重构是"令人震惊的"，它"开辟了一片奇妙的崭新的理论天地，它展现了制度安排的别样可能性，而对此，此前似乎无人探究过"。这本书初版于1976年，哈耶克也已经于两年前出人意料地斩获了诺贝尔经济学奖，当时的全球经济正深陷布雷顿森林体系解体和石油危机的泥淖之中。当然，哈耶克领衔的新自由主义在撒切尔夫人和里根分别担任英国首相和美国总统之后，才迎来其在欧美经济体系中真正的高光时刻。纵使如此，在这本书中提及的欧洲货币体系，最终也并未采纳货币非国家化这一建议，而是走向货币的一体化——欧元区的构建。至于稍晚拥抱新自由主义的美国和英国，非但未放弃美元和英镑，其发行的货币反倒成了里根和撒切尔夫人（尤其是里根）国家经贸战略的重要武器。

面对"货币的非国家化"这一颠覆性课题，可能不仅仅如哈耶克所说"还有很多研究工作要做"，更有很多科学技术需要取得突破，而区块链技术无疑就是所需要的技术突破的备选之一。2008年，一篇署名为中本聪的论文《比特币：一种点对点式的电子现金系统》在互联网上传播开来。十余年之后的今天，"数字货币"的热度已不亚于任何流行词汇，而在理论上重新引发广泛关注的，则正是哈耶克在这本书中率先提及的"货币的非国家化"。

当前，波谲云诡、充满动荡的全球经济与野蛮生长的数字货币不期而遇，就像特纳勋爵那样，打开了被历史尘封的经济学经典文献。当我们重新捧起哈耶克的这本40多年前的著作时，或许再次收获的，就不再仅仅是惊诧，更是一种深入的思考了。

巴曙松

北京大学汇丰金融研究院执行院长

中国银行业协会首席经济学家

香港交易所首席中国经济学家

第一版前言
PREFACE TO THE FIRST EDITION

《霍巴特文丛》(*The Hobart Papers*)旨在为理解经济思想在私人与政府活动中的应用，而奉献一系列权威、独立而透彻的分析。其最关切的一向是最大化利用稀缺资源以满足消费者的偏好，以及在市场中实现这一点的程度，而这个市场则存在于政府及其他制度安排所创造的恰当的法律／制度框架内。

从 18 世纪的古典思想家到现在的经济学家，长期以来，他们都有一个共同的信念，政府最重要的一项职能就是创造某种货币机制和发行货币。[①] 经济学家们一直在争论的是，政府怎样才能高效地承担这一职能和怎样增加或削弱政府发行货币的权力。但普遍的假设是，政府必须控制货币政策，每个国家都必须有自己的货币单位结构。

这一假设遭到了哈耶克教授的质疑。他进行了更充分的论证，这"多少有点让人震惊地"偏离了那个古典的假设，他在 1976 年 2

---

① 哈耶克教授在第二版中提到，这一点并不在亚当·斯密所说的国家的那些义务之列。

月出版的《货币的选择》（*Choice in Currency*）中已经触及这一点。

即使只是对这一主题的简短扩展，哈耶克也已向广大读者揭示了货币的性质及对其受控制的诸多洞见。这些洞见不但能够启发研究者，而且也为政客提供了"药方"。事实上，哈耶克教授要论证：货币与其他商品并无不同，通过私人发行者之间的竞争来发行货币要好于政府的垄断。他的论证依据的是亚当·斯密的经济理论而不是 20 世纪的经济理论，他论证说，货币的发行也遵循以下原则：就得到好结果而言，自利是比仁慈更好的动机。

哈耶克教授呼吁建立竞争性货币（competitive currencies）机制，其优势不仅在于，竞争性货币将废除政府加大货币发行量的权力；也在于，它们将更有助于防范在过去一个世纪的"商业周期"所能看到的由政府垄断货币导致的破坏稳定的波动——在 20 世纪 70 年代，这是一个急迫的问题，这样的制度也使政府更难增加政府开支。

尽管本书各处的论点必然是抽象的，需要深入理解，但核心主题却明晰如镜：在发行健全的货币方面，政府已然失灵、必定失灵且将继续失灵。假如政府控制货币是不可避免的，哈耶克认为，金本位制好于任何其他制度；但他也坚持认为，人们最终会发现，即使是黄金也不如竞争性货币那么可靠，后者的价值会被基本维持在一个相对稳定的水平上，因为竞争性货币的发行者有强烈的限制其发行数量的动机，否则就会丢掉生意。

对于竞争性货币的这种论证，直接源于奥地利学派经济学家的思想。1931 年，罗宾斯爵士将哈耶克引荐到伦敦政经学院，于是哈耶克便把这一学说带入了英国。这两位学者致力于使英国的学生和教师了解门格尔、维塞尔、庞巴维克和米塞斯的著作，但在前几年，几乎听不到人们提起奥地利学派。美国经济学家对奥地利学派的新兴趣使英国学者日益关注奥地利学派，尤其是关注奥地利学派中年轻的经济学家。在这本著作中，哈耶克教授提及了他的几位前辈的著作，或许可以进一步激发人们对奥地利学派经济学的兴趣。

尽管斜体字在经济事务研究所的文丛中并不常见，但本书适度地使用了斜体字，这特别有助于刚接触经济学的读者跟上论证的步伐。[①]

哈耶克教授的这本书，是在第二次世界大战前的货币管理不当并导致 1929—1932 年的大萧条及第二次世界大战后 30 多年的政府"货币管理"（不如说是混乱的管理）之后写成的。

当时，致力于国际性管理的努力不见成效，经济学家们再度寄希望于那些完全不要政府控制的手段。在《霍巴特文丛》第 69 卷（《黄金还是纸币》）中，维克托·摩根教授和摩根夫人重新考察了自第二次世界大战以来货币管理中存在的问题，重新评估了在货币与黄金之间建立关联的理由。几个月前，《泰晤士报》经济版的编辑皮特·杰伊先生提议成立一个货币委员会。这两种思路表明，人们迫切希望削弱或取消政府控制货币发行量的权力。看起来，年轻的经济学人和从事财政、商业、产业和教学活动的新一代似乎会勇敢地摆脱"二战"后的经济学思想。哈耶克教授的建议则更具有革命性，他的建议是，货币发行应该跟其他商品和

---

① 本书用加黑表示。——编者注

服务一样，交给市场。他想论证，过去 50 年，依赖政府基于公共利益管理货币的尝试已经失败，其解决之道只能在于货币机构的自利——假如它们不能发行让使用者觉得可靠、稳定的货币，它们就会丢掉生意。哈耶克教授的这本书及试图寻找"让货币摆脱政治"的那些经济学家的努力付出，将会刺激经济学和非经济学领域的人士重新考察这个文明社会想要延续下去所需要的货币控制的第一原则。

通常，从手稿完成到印制只需要短短几周，但由于哈耶克教授从奥地利旅行到苏格兰，然后又到伦敦，使编辑、校对及出版被延后了。即便如此，对于这部内容是一般著作两倍的手稿，这些流程也只在 7 月初到 9 月下旬这段时间内便走完了。我想感谢迈克尔·索利，他尽了最大的努力使这一流程能顺利执行。除此之外，我也要感谢戈龙印刷厂，其工作迅速而准确。

虽然研究所的章程规定，研究所的受托人、理事和顾问不得与其作者的论点和结论有关系，但它还是把哈耶克教授的这本简短著作呈现给大家。这本著作是当今世界上一位重要的思想家对一个古典问题进行的一次重要反思。

阿瑟·塞尔登

1976 年

作者导言
AUTHOR'S INTRODUCTION

我相信，世界各国的君主都是贪婪而不公的。他们欺骗臣民，把货币最初所含金属的真实分量不断地削减。

亚当·斯密

The Wealth of Nations（1776）

I. Iv, Glasgow edn., Oxford, 1976, p.43

为解决一个从经济学专业角度看可能是最简单的难题——终结通货膨胀——而寻求一种政治上的可行方案，我对此已经不抱任何希望了，因此，大约在一年前，我在一次演讲①中提出了一个多少让人有些震惊的建议，而对这一建议进行的一番深入研究为我打开了一片十分出人意料的新天地。我情不自禁地去深入研究那个想法，因为我一向认为，阻止通货膨胀具有无可比拟的重要意义，不

---

① 参见 Hayek [31]。此后方括号中的数字均指本书第 160～167 页中所列的参考文献。

仅是因为漫长而严重的通货膨胀本身会给人们带来危害与痛苦，也因为我一直坚信，即使是最温和的通货膨胀，最终也会造成周期性的萧条与失业（但是，人们一直理直气壮地将这归咎于自由企业制度）因此，为了使自由社会得以维系，我们必须防范通货膨胀。

我对政府应当放弃其发行货币的垄断权的想法进行的深入研究，开辟了一片奇妙的、崭新的理论天地，它展现了制度安排的别样可能性，而对此，此前似乎无人探究过。人们一般都认为，一个国家必须由它的政府提供属于自己的、独特的、专有的货币，一旦我们成功地将自己从这种人们普遍而不自觉地接受的教条中解放出来，我们的脑海中就会立刻涌现出无数以前没有考察过的有趣的问题。于是，我尝试着进入了一片此前完全没有人开发过的荒野。在这本著作中，我呈现给大家的无非是在对这一领域进行第一次粗略考察的过程中得到的一些发现而已。我当然完全清楚，我只不过是刚刚触及这些复杂的新问题的表层而已，我还远没有解决多元并行货币（multiple concurrent currencies）的存在所引发的全部难题。事实上，我不得不提出很多我自己还不知道答案的问题，我也不可能讨论和解释在这种新格局中所碰到的全部理论问题。关于这个研究课题，我们还有很多研究工作要做，但已经有迹象表明，这种基本理念已经激发了其他一些人的想象力，事实上，已经有一些聪明的年轻人在研究这个问题了。①

目前，我得到的主要研究成果是，那种一直遭到相当正确的指责的市场秩序的主要缺陷，即其容易导致周期性的萧条和失业，其

---

① 参见 Benjamin Klein [35]、Gordon Tullock [59] 和 Gordon Tullock [60]。

实主要是政府长期垄断货币发行的结果。我现在已经毫不怀疑，不管什么时候，只要政府不出面阻止，私人企业就能够向公众提供选择货币的机会（并且它们确实在较早前曾向公众提供过这样的机会），而那些在竞争中脱颖而出的货币的币值基本上是稳定的，从而能够防止投资的过分扩展，也就能够防止接下来出现的经济收缩。

要求货币发行自由，很多人乍一看必有疑虑，因为历史上很多提出这种要求的人是具有强烈的通货膨胀论倾向的怪人。从19世纪上半叶鼓吹"自由银行业务"（free banking）的大多数人——甚至有相当多的一部分人鼓吹"银行业务原则"（banking principle），到20世纪宣扬"自由货币"（free money）的人——西尔维奥·盖塞尔[1]、C. H. 道格拉斯[2]、H. 里特斯豪森[3]及亨利·默伦[4]等，都是因为想要得到更多的货币才要求自由发行货币的。他们经常怀疑，政府的垄断不合乎作为他们论点基础的企业自由的基本原则，但他们又毫无例外地相信，这种垄断必然会导致政府对货币发行施加不正当的限制，而不会导致过量发行。他们当然未能认识到，比起私人企业，政府会频繁地发行像西尔维奥·盖塞尔所说的"缩水的货币"（Schwundgeld）。

这里，我再补充一句：为了紧扣主体，我将不去深入讨论一个有趣的方法论问题，即我们如何才能够弄清我们实际上并没有经历过的情形的意义，尽管这一点对于探讨一般的经济学理论方

[1]　参见 Silvio Gesell [22]。
[2]　参见 C. H. Douglas [13]。
[3]　参见 H. Rittershausen [51]。
[4]　参见 Henry Meulen [44]。

法具有启发作用。

最后，我只想说一点，在我看来，本书的研究任务是重要而紧迫的，因而我暂时中断了手头的主要研究工作——在过去几年，我全力投入到另一项研究中，希望尽快能够完成其最后一卷（第三卷）[①]。在这种情况下，我希望读者能理解，在完成本书初稿后，我一反既有习惯，将修改、润色整个论证过程及出版准备等费力不讨好的工作，大部分交给了伦敦经济事务研究所好心肠的总编辑阿瑟·塞尔登先生，他也十分乐意承担这一重担。对读者尤有助益的是他给各小节加上了标题，最后又加上"讨论题"。对于他做的这些工作，我深为感激，由此方使这本纲要得以出版；否则，这本书可能在很长时间内不能面世，因为我不想对不起《法、立法与自由》一书的读者，我不会允许自己为这个特别有趣的论题而暂时抛开完成那部书的任务，否则读者们要获得我在那本书中所提出的论点梗概，会等更长的时间。

我要特别对我的很多朋友表示歉意，因为很显然，在过去的几年里，我集中精力研究了一个完全不同的问题，所以没有阅读他们发表的与本书所探讨的主题相关的文献，而这些文献本应让我在写作本书时受益匪浅。

F. A. 哈耶克

1976 年 6 月 30 日于萨尔茨堡

[①] 即《法、立法与自由》（*Law, Legislation and Liberty*），第一卷是《规则与秩序》（*Rules and Order*, Routledge&Kegan Paul, 1973），第二卷《社会正义的幻象》（*The Mirage of Social Justice*）将与本书同时出版，第三卷《自由社会的政治秩序》（*The Political Order of a Free Society*）已接近完成，我希望能在 1978 年出版。

第二版前言

PREFACE TO THE SECOND EDITION

在第二版中，哈耶克教授增补了很多篇幅相当长的内容以细化和丰富他的论点。这些补充加起来，使原文增加了三分之一到五分之二的篇幅。[1]

这样，这本著作就成为一个更为充实的文本。它提出了一个革命性建议，用市场中的竞争性私人货币取代了国家对货币发行的控制。

若把这一建议提交给英国银行体系的某位大人物，那他必将给出这样一个彬彬有礼而又漠然的回复："以后再说吧。"从事实务的人对于学者的新想法做出这种反应并不罕见。新观念总是会被那些不得不面对日常生活与现实的、头脑僵化的人嘲笑为"空想家想出来的概念"。从事实务的人过于接近"日复一日的问题"，他们通常只能看到难题和障碍本身，而看不到错误或失灵的

---

[1] 为了区分这些相对独立的增补部分，不论其长短，都在其开头处加了单星号，结尾处加了双星号。除此之外，还有很多改动，是对用词、短语和句子（包括脚注）的细微修改，散见于全书各处。

根本原因，这就好像伐木工永远也看不到整片森林一样。

有的时候，甚至更为根本性的变化也不得不通过激进的改革进行，而不是对某个已经失效的方法或政策进行零零碎碎的修改。然而，变革时间拖得过长，可能会带来更多混乱。一个陷进泥沼的人不可能迈着小步走出来，他唯一的希望是跨出一大步。

问题是，哈耶克教授的诊断是否正确：国家控制货币难以提供可靠的支付手段，在现实中，这一制度要对货币不够稳定及过去一个世纪的通货膨胀承担责任。假如这是正确的，那么对政府垄断性控制货币的制度进行修补，就难以根除那些缺陷和危险。

这一经过增补的第二版特别应该被银行家们认真研究，若他们跟其他国家的银行家一样，想在英国摆脱政治意义上的政府影响，就更应该如此。这些增补也使第二版对于那些更关注根本性真理而非短期权宜之计的经济学教师、学生而言更有价值。

阿瑟·塞尔登
1977 年 12 月

作者笺注

AUTHOR'S NOTE

　　本书第二版的完成离我着手写作本书只过了13个月，离本书第一次出版只有半年多一点的时间。因而，这也许并不令人惊讶：我在本书第二版中觉得有必要加入的增补，与其说是对受到的批评的回应，不如说是我对自己提出的问题进行的进一步思考。实际上，迄今为止，那些评论更多的是在表达难以置信的惊讶，而不是反驳。

　　因此，本书第二版中的大部分增补内容所涉及的论点，也许是我本应在第一版中更清晰阐述的一些显而易见的问题，只有一处涉及如果采纳我原来提议的改革建议，则大致会有不同的发展。确实，我现在觉得，两种不同类型的竞争之间的显著区分具有更重要的意义。第一种可能会使人们普遍接受一种被广泛使用的本位（或者也许是数量很少的集中本位），而第二种则涉及具有某种特定面值的货币争取公众信任的竞争。因此，我在第24章插入了较长的一段内容，概述了其最重要的可能后果之一，这是我最初未曾想到的。

　　我也稍微改变了一下叙述风格，以便更加清晰地阐述我想说的话。我甚至有意保留了本书开头的试探性语气——这一点读者不会没有注意到，它与后来随着论证的展开逐渐变得更自信的语气有很大不同。迄今为止，进一步的思考让我对我提议的根本变革的可欲性（desirability）和可行性（practicability）更加充满信心。

　　在本版材料准备好之后召开的朝圣山学会（Mont Pelerin Society）大会上我对此处考察的问题所做的几个重要贡献，我未能加以利用，因为在那之后，我便立刻开始了漫长的旅行。我希望，尤其是 W. 恩格斯、D. L. 克梅雷尔、W. 施蒂策尔和 R. 沃贝尔所提交的论文能够很快付梓。但我在最后一段插入了我对米尔顿·弗里德曼（Milton Friedman）的一个评论做出的答复，在我看来，这需要迅速回应。

　　我也许应予以补充的最重要的一点是，我全神贯注于其他问题的研究，这妨碍了我对当下论述应有的全部关注，而我又对当下制度结构中的那种可容忍的货币体系一次次地感到绝望。事实上，我目前对现行政治秩序的研究，特别是对不受限权力的民主议事会治理效果的研究结果对我的影响与我早年的研究相当（当时，货币理论还是我的主要兴趣之一）。

　　也许我还应当补充我在一些场合经常会说明但可能从来不会以任何书面形式表述的一个看法，即我强烈地感觉到，经济理论家或政治哲学家的首要任务应当是影响公众意见，使今天在政治上看起来不可能的事情具有政治上的可能性。因而，即便有人反驳说，我的建议是不现实的，那也不能阻止我继续发展这些建议。

　　最后，再次读过本书后，我觉得应当在一开始就告诉读者，在货币领域中，我并不想禁止政府做任何事情，只要政府不阻止他人，做自己可以做得更好的事情就可以了。

F. A. 哈耶克

布雷斯高地区的弗赖堡市

第三版前言

PREFACE TO THE THIRD EDITION

　　哈耶克教授所著《霍巴特文丛》的核心论点：只有废除各国政府对货币发行的垄断才能实现价格水平的稳定。在本书出版的前几年，尽管价格水平在全世界范围内的表现都不能让人满意（比如，英国在过去20多年的生活成本涨幅超过了500%），但本书并没有对现实产生明显的影响。人们讨论的依然是如何改进这些政府垄断的绩效，而不是终结这种垄断。如果要讨论货币竞争的理念，就会被讥笑为"政治上不可能"。

　　诚如哈耶克所说，对于一位经济学家来说，这样的反驳是不成立的：

　　……但目前应当采取什么样的政策，不应当是经济学家关注的问题。经济学家的任务应当是像我不厌其烦地重复过的那样，使从今天的政治角度看来不可行的政策具有政治上的可能性。决定此时此刻应当做什么，这是政治家而不是经济学家的任务……（第二版，1978年）

幸运的是，并不只有哈耶克持有这种信念。其他学者追随他的分析，研究了政府不垄断货币的一些历史例证。劳伦斯·怀特（Lawrence White，1984）研究了苏格兰货币发行的竞争体系——一种被亚当·斯密赞赏的制度。尤金·怀特（Eugene White, 1990）考察了法国大革命时期存在的货币发行的竞争。休·罗考夫（Hugh Rockoff, 1990）考察了美国竞争性货币的发行。当然，这些历史例证没有呈现出一个完美的货币绩效，也没有一个是最近发生的。但所有例证都证明竞争性货币比政府垄断货币要稳定。竞争性货币处于什么年代并不重要，因为它们所证明的原则是永恒的：激励影响行为。哈耶克在本书中的分析正在获得实践的支持。

与此同时，那些自认为从事实务的人也开始仔细思考可以做哪些努力来改进我们的货币制度。几年前，恐怕根本不会有人相信，某位英国财政大臣会提出让英格兰银行不受财政部管理的想法。但托尼·劳森（Tony Lawson）已经披露，当时财政大臣确实提出了这么一项建议。人们日益关注哈耶克的理念，这并不让人惊奇。自哈耶克的论文首次出版以来，价格水平的表现并无改观。1978—1990年，英国的生活成本已经上涨了230%。为了终结通货膨胀，尽管英国经济经历了一次严重衰退，但还是出现了英镑价值的下跌。

这一失灵不是英国独有的。自1978年以来，德国价格水平上涨了138%，瑞典价格水平上涨了143%，美国价格水平上涨了190%。这些国家都比英国的情况要好，但确实也有足够的证据证明，独立的中央银行不像米尔顿·弗里德曼在1962年所论证的那样，是令人满意的货币表现的保证。那么，人们应当并可以做些什么呢？

新西兰政府最近认识到，激励是重要的，并将中央银行高级官员的薪酬与其是否成功地实现价格稳定挂钩。在即将出版的一篇论文中，查尔斯·古德哈特（Charles Goodhart, 1991）要求英格兰银行也如法炮制。

这种强化实现目标的激励法是否值得一试？这一目标是否具有足够的重要性？假如是，那除此之外我们还可以做些什么？在本书中，哈耶克非常清晰地阐述了为什么通货膨胀如此重要以及如此具有破坏性。通货膨胀当然会在借款人和贷款人之间进行财富再分配。通货膨胀是任意的，通货膨胀也是无效率的，因为它打乱了资本市场的运作。然而，通货膨胀引起的问题还远不止这些。通货膨胀会使未来的价格水平更加难以预测，也会使目前的价格波动更加难以稳定，从而影响整个经济体系：

> 如果对货币价值的调控能使各种商品的平均价格在某一水平保持稳定……尽管在这种情况下，个别商品的未来价格是不可预期的——这是市场经济运转过程中无法避免的——但在相当长的一段时间中，对于整个社会的人来说，不可预见的价格波动的影响，将刚好能够互相抵消。

哈耶克把这种情形与存在通货膨胀的情形进行了对比：

> ……个别企业……无法将其经济计算和决策建立在某个已知的中位数的基础上，因为单个商品的价格既可能上涨也可能下跌。于是，成功的经济计算，或者说有效的资本和成本会计就成为不

可能的了。

哈耶克强调说，问题是，除此之外：

（通货膨胀也会带来）相对价格的结构发生临时性变化……（它）会导致生产被扭曲。

哈耶克论证说，这些干扰以及政府为减缓通货膨胀而无规律地采取的措施所导致的各种不稳定，要对作为资本主义经济体典型特征的大规模失业的重复出现承担责任。稳定的货币的好处并不仅限于稳定价格水平。

那么，如何实现货币稳定？米尔顿·弗里德曼——最近还有很多人士——强烈要求建立一种货币规则，如果可能的话，应该体现在一部"货币宪法"中，这样，货币的增长就将是稳步的、可预期的。① 毫无疑问，这样的规则将会终结货币管理中最微小的失灵。然而，为什么我们需要管制我们的货币发行呢？

在这里，竞争也能派上用场。因为只有在一个产业不由竞争调节的时候，才能够支持由政府、管制机构或规则对该产业进行管制。总体说来，竞争将会实现可获得的最佳结果。货币为什么不在此列呢？这正是本书所要回答的问题。答案是，在货币发行中引入竞争机制将会产生人们预期的结果，就像在别的经济活动

---

① 值得一提的是，在最近与安娜·施瓦茨合作的一篇论文（1986 年）中，米尔顿·弗里德曼已经趋近于哈耶克教授在本书中所主张的立场了。

领域中一样。

本书的再版格外及时。第一，当然是因为通货膨胀率再度升高；第二，也是因为现在有一个机会在货币发行的过程中引入较高程度的竞争。欧洲经济共同体国家已经承诺取消彼此的一切外汇控制。有人进一步提出建议，应当固定汇率，建立一种欧洲共同货币。如果要抵制这些建议，我们就应让欧洲各国的货币展开竞争。[①] 借助一个非常简单的措施，我们就可以拥有稳定货币的声望并获得利润的激励（政府也可以在创造货币的过程中获得财政收入）。

只用了 12 年，哈耶克教授在本书提出的建议就从"政治上的不可能"变成我们可以把握的。我们最终将会实现它。

杰夫里·伍德

城市大学商学院经济学教授

1990 年 10 月

参考文献

[1] Milton Friedman, "Should There be an Independent Monetary Authority", Leland B. Yeager. *In Search of a Monetary Constitution*. Boston, Mass.: Harvard

---

① 沃贝尔（1979）曾经阐述过在欧洲经济共同体的特殊背景中的货币竞争的好处，伍德（1989）重提此论，劳森则在他担任大臣的时候提交给欧洲经济共同体财政部长会议的文章（HM Treasury，1989) 中向部长们提出了这一点。

University Press, 1962.

[2] Milton Friedman, Anna J. Schwartz. "Has Government any Role in Money", *Journal of Monetary Economics*, 1986（7）: 37–62.

[3] Charles A. E. Goodhart. "British Monetary Policy: March 1990", S. F. Frowen. *Monetary Policy and Financial Innovations in Five Industrial Countries*. London: Macmillan, 1991.

[4] "Her Majesty's Treasury", *An Evolutionary Approach to Economic and Monetary Union*. London: HM Treasury, 1989.

[5] Hugh Rockoff. "Lessons from American Experience with Free Banking", Forrest H. Capie, Geoffrey E. Wood. *Unregulated Banking: Chaos or Order*. London: Macmillan, 1990.

[6] Roland Vaubel. *Choice in European Monetary Union*. Ninth Wincott Memorial Lecture, Occasional Paper 55. London: Institute of Economic Affairs, 1979.

[7] Eugene White. "Banking in a Revolution", Capie and Wood, 1990.

[8] Lawrence White. *Free Banking in Britain*. Cambridge: CUP, 1984.

[9] Geoffrey E. Wood. "Banking and Monetary Control after 1992: A Central Bank for Europe", *Whose Europe*. IEA Readings No. 29. London: Institute of Economic Affairs, 1989.

目 录
CONTENTS

01

实践建议

我想为不久的将来提出如下建议，并借此机会探讨一个具有非常广泛的涉及面的方案：

共同市场上的各个国家以及欧洲的全部中立国（如果可能的话，以后也可以加上北美国家）通过一项正式条约，约束各方不对彼此的货币跨越其边界线的自由交易，以及在其境内合法设立的任何机构同样自由地开展银行业务设置任何障碍。

这意味着，首先要废除妨碍货币在这些国家之间流动的各种类型的外汇控制或管制，并且在订立合同和记账时充分自由地使用任何一种货币。这进一步意味着，这些国家的银行可以根据在本国成立的同样条款在他国任意设立分支机构。

货币的自由交易

这一方案的目标在于，对现行的货币和金融机构施加一种极为必要的纪律，使任何国家在任何时间段都不可能发行一种与其他国家的货币相比明显不那么可靠、也乏人使用的货币。一旦公众熟知了这种新的可能性，任何偏离这一提供某种诚实货币的正确做法的行为，都将导致人们立刻用他国的货币取代这一正在遭到损害的货币。而各个国家将不再能够运用其现在能够运用的那些通过"保护"其货币而暂时掩饰其行为后果的措施；相反，它们将受到约束，并将其货币维持在尚可容忍的稳定状态。

该建议比空想的欧洲货币更可行

我认为，本方案比创建新的欧洲货币的乌托邦方案更可取，也更可行，欧洲货币方案的最终结局只能是使一切货币灾难的源头和根基——政府垄断货币的发行和控制——更加顽固。如果这些国家确实不准备采用上面提出的更加有效的建议，那么按理来说，它们也更难接受欧洲共同货币。完全剥夺政府长期拥有货币垄断权的想法，确实有点过于突兀，若在不远的将来就采用此方案，那么大多数人甚至会有点惊恐。不过，只要从一开始就允许各国政府发行为讨好公众而展开竞争的货币，那么人们就会逐渐了解这种方案的优势。

尽管我坚定地支持，通过允许货币在西欧国家间完全自由地流动来完成西欧经济一体化的目标，但我怀疑，通过创造某种由超国家当局管理的新型欧洲货币的方式来实现这一目标是否可取。各成员国极不可能就该超国家的货币当局在现实中所追求的政策达成一致，撇开这一点不谈，即使在最有利的情况下，它也极不可能比目前的各国货币管理得更完善。而且，一种单一的国际性货币如果管理不当，那么它在很多方面并不会比一种民族国家的货币更好，反而会更糟。它将使一国中熟悉金融领域的公众甚至根本就没有机会躲避他人具有严重偏见的决策恶果。某种国际货币管理当局的优势应主要是保护某一成员国不受其他成员国的有害措施的影响，而不应是迫使其他成员国赞同它的蠢行。

银行业务的自由贸易

上文提出的将货币领域的自由贸易扩展到银行业的自由贸易的建议，是上述方案想要达到其目标不可或缺的组成部分。首先，今天，人们用银行存款开支票，因而形成了某种形态的由私人发行的货币，这已经是人们普遍接受的交换媒介总量中的一个组成部分，在大多数国家，这甚至已经是最大的一个组成部分了。其次，不同国家的银行信贷的扩张和收缩，是目前国家管理基础货币的主要借口。

对于采用上面我所提出的建议的理由，我还想加上一条，即它当然旨在阻止国家的货币和财政当局做那些从政治角度看不能不做的事情，因为它们有这种权力。而做这些事情，毫无例外都是有害的，都有违国家的长期利益，但从政治上看，作为一种短期内逃避严重困境的办法，又是不能不做的。这包括政府可以通过采取那些最轻松、最快捷的方式消除特定集团或派系不满的种种措施，而这些措施，从长远来看，必然会扰乱市场秩序，并且最终会摧毁市场秩序。

防止政府掩饰货币的贬值

换句话说，我上面提出的建议的优点在于，它能防止政府依靠掩饰自己所采取措施的后果来"保护"它们所发行的货币，因而能够阻止政府进一步采取那些有害的手段。政府将无法掩饰其所发行的货币存在贬值现象，也无法阻止由于它们的措施使本国商业环境恶化而造成的货币、资本和其他资源的外流，也无法控制价格——而所有这些措施，都有可能摧毁共同市场。事实上，上述方案似乎能够比某种统一的货币更好地满足共同市场的需要，它不需要建立一个新的国际机构，也不需要向一个超国家机构授予新的权力。

上述方案的全部意图和目的在于，只要一国某个货币的发行者胡作非为，则其所发行的货币就将被驱逐出本国流通市场。不过，即使是在这个时候，这些货币发行者也可以通过迅速改变自己的做法而避免本国货币被悉数替代。在一些集中了大量国际贸易及以旅游业为主的非常小的国家，某个大国的货币很有可能会占据主导地位，但我们没有理由相信，如果货币发行者能够奉行明智的政策的话，那么现存货币中的大多数货币将不会被长期使用（当然，重要的是，不能允许各方达成一种心领神会的协议：都不发行其他国家的国民可能会喜欢的良币！我们当然不得不时刻对政府做出这样的有罪推定，因为公众现在确实不喜欢它们发行的货币）。

　　我认为，这一方案不会妨碍政府采取一切有利于经济稳健运行的措施，或者那些从长远来看有益于大多数人的措施。但这会牵扯出一系列只有在充分发展了基本经济学原理的框架内才能更好地讨论的复杂问题。

02

概括方案背后的原则

　　如果同时使用多种货币的设想能被考虑立刻被应用于某一有限的区域的话，则显然较为可取的是，调查一下我们据以提出上述建议的原则的后果。如果我们考虑废除一国之内只能使用该国政府发行的货币这一习惯做法，并承认他国政府发行的货币可以同样在本国流通，那么我们立刻就会遇到一个问题：完全取消政府发行货币的垄断权，而允许私人企业向公众发行他们可能更愿意接受的其他交换媒介，岂不是同样可取？

　　这种改革可能引起的问题是，它目前只能是一种理论上的建议，而不是政策性建议，因为很显然，这种更激进的改革建议对于普通公众来说过于离奇和陌生。目前，他们恐怕不会考虑予以实施。专家们显然也不太了解由它所引起的问题，因为对于这样一种方案的精确结果，没有人能够做出可靠的预测。但目前不受质疑地被人们普遍接受的政府垄断货币发行权的做法，显然有可能不是必需的，甚至也没有什么优势。事实上，实践有可能证明，这种做法是有害的，而废除它则会带来巨大的好处，这将为更有益的发展开辟道路。因而，讨论不能在一开始就提得太满。只要公众对其没有做好准备，并仍然不假思索地接受政府必须垄断货币发行的教条，我们的建议就完全不可能有实现的机会。尽管如此，这却不会成为我们对这一方案所提出的引人入胜的理论问题进行知识上的探索的障碍。

经济学家们从未讨论过货币竞争

一个令人惊诧的事实是：迄今为止，多种货币竞争的理论从来没有得到过认真的研究。① 对于政府垄断货币发行权为什么被普遍视为是不可或缺的，或者这种信念是否源于一种根本没有人予以解释的假定：在任何一个特定的地域范围内，只能有一种货币流通——在唯有金银被认真地当成货币的时候，它确实具有某种明确的便利性。对于这些问题，现有的文献没有给出任何答案。而这种垄断如果被废除，且货币开始放开，并由私人机构发行（即发行不同的货币）时，会出现什么样的情形，我们也无法找到一个现成的答案。大多数人似乎都认为，任何允许私人机构发行货币的建议是指，这些私人机构将发行与他人**相同的**货币［在符号货币（token money）时代，这肯定会被视为伪造货币的行为］，而不是指其将发行**不同种类**的货币，这些货币将拥有不同的名称

---

① 尽管我独立认识到了不依赖政府的竞争性货币所具有的好处，但我现在必须承认，本杰明·克莱恩教授比我更早提出这种设想，他在其写于1970年的文章和1975年出版的著作 [35]，以及最近发表的著作中，清楚地解释了货币间展开竞争的主要优势。

单位，从而使公众可以随意地做出选择。

政府垄断货币的原发优势

在货币经济只能缓慢地扩展到遥远的地区时，其重大难题之一是要教会大量的人用货币进行计算（而这还是不太久之前的事），单一的一种容易辨识的货币确实可能具有相当大的好处。人们可能会争辩说，这样一种统一的货币大大有助于人们进行价格的比较，因而能够促进竞争的深化和市场的发育。而且，在金属货币的真假只有借助复杂的化验过程——普通人既没有这样的技能也没有这样的设备——才能搞清楚的时候，盖上某种获得普遍认可的权威的印鉴以担保铸币的成色，可能会具有充分的理由，而拥有这样的权威性的组织可能唯有政府了。但今天，这些初期的好处，可能只是政府作为其强占发行金属货币专有权的借口，这样的好处当然不能抵消这种制度所带来的种种弊端。这种制度具有一切垄断行为的弊端：即使你对它们的产品不满意也必须使用这些产品，最重要的是，这种制度禁止人们探寻满足自身某种需求的更好方法，而垄断者不会进行这种激励。

如果公众明白，为了得到在日常的交易中仅使用一种货币所带来的便利，他们付出了周期性通货膨胀和币值不稳定的代价。这使他们不得不偶尔考虑一下使用自己熟悉的货币之外的其他货币的好处，他们很可能就会发现，这种制度未免太过分了。因为这样的一点便利远没有得到使用一种更为可靠的货币——它不会周期性地扰乱经济的平稳运行——的机会更重要，而这种机会却被垄断剥夺了，而人们也从来没有被给予发现这种好处的机会。政府始终基于强烈的利益考虑而说服公众，让公众相信发行货币的权力应当专属于政府。如果出于政策目的所发行的只是金币、银币和铜币，则这种垄断没有太大问题。而在今天，在一个除了纸币之外，我们不知道还有任何其他形态的货币的时代，这一问题则关系重大：因为与金属货币相比，政府更加无力处理纸币，甚至更容易滥发纸币。

03

政府垄断铸币的起源

　　在两千多年中，政府发行货币的垄断权或独占权在现实中仅是垄断金币、银币或铜币的铸造。正是在这个时期，这种垄断权被人毫不怀疑地视为主权的一个根本属性——它披上了一层神秘的面纱，即只有君主才能使用的神圣权力。这种观念，或许可以追溯到吕底亚的克罗伊萨斯国王（King Croesusof Lydia）在公元前6世纪打造第一枚铸币之前，追溯到政府不过是在金属条块上打上一个证明其成色的标记的时代。

　　无论如何，到了罗马帝国时代，统治者对铸币权的垄断已经稳固地确立起来了。[1] 近代之初，让·博丹提出了主权概念，他认为铸币权是主权最重要、最根本的组成部分之一。[2] 在中世纪，王

---

[1]　参见 W. Endemann[15]，Vol.II,p.171.

[2]　参见 J. Bodin[5], p.176。博丹对货币的理解比与他同时代的人都要深入、全面。他曾殷切地希望大国政府比千余个小诸侯国和城邦国家更负责任，这些小国在中世纪晚期已获得铸币特权，它们比统治较大疆域的富裕君主更经常地滥用铸币权。

室对于铸币、采矿、关税的垄断权（在拉丁文中被称为 regalia）是君主的主要收入来源，并且这一时期的垄断权也只局限于这些领域中。显然，随着铸币数量的增加，各地政府很快就会发现，铸币的专有权除了是获取收益的一个诱人来源之外，也是彰显实力的一种最重要的手段。从一开始，君主就不是因为这是一种公益性事业而要求得到这种垄断权或要求人们承认这种垄断权的；相反，在他们看来，这是政府权力的一个根本性因素。①事实上，铸币在很大程度上被视为实力的象征，跟旗帜一样，君主可以通过它来展示自己至高无上的权力，并告诉自己的臣民，谁是他们的主子，因为通过这些铸币，君主的头像会被传播到他的王国最僻远的角落。

对金属重量和成色的认证

一般认为，最初，政府承担的任务当然不是制造货币，而是担保普遍地被用作货币的那些东西的重量和成色。②在经过最初的阶段之后，只剩下三种金属被用作货币，即金、银和铜。人们相信，政府承担的这种任务有点相当于确定和执行统一的度量衡制度。

---

① 这适用于邮政垄断，在所有地方，邮政垄断所提供的服务都是每况愈下的，在英国（据 1976 年 5 月 25 日伦敦《泰晤士报》报道），邮政工人工会总书记最近是这样评论邮政服务的："这两种政治局面已让一种一度相当卓越的公共服务沦为歌舞杂耍表演场上的一个笑话。"从政治角度看，广播垄断可能会更为危险；但从经济上看，我怀疑还有什么垄断比垄断货币发行更有害。
② 参见 Adam Smith [54]："……这种官署被称为铸币局（mints），这种机构跟负责发放棉毛、麻布和印花票的官署的性质是一样的。"

金属块只有在打上了正当的权力当局的印鉴之后才被认为是真正的货币，而这个当局的使命应当是确保这些铸币具有准确的重量和十足的成色，以合乎其真实价值。

然而，在中世纪，人们迷信地认为，正是政府的法令给这些货币赋予了价值。尽管经验总是证明这种想法不对，但这种"价值强加"（valor impositus）① 学说却被大多数法律理论接受，并在某种程度上论证了君主可以强行赋予包含较少重量贵金属的铸币也具有其标称重量的价值——尽管君主的这些做法经常会失败。20 世纪初期，这种中世纪的学说又被德国教授 G. F. 纳普（G. F. Knapp）复活了，他写的《货币的国家理论》（The State Theory of Money）对当代法律理论似乎也具有一定的影响。②

我们没有理由怀疑，私人企业如果获准铸币，会不具备提供健全的至少是可以信赖的铸币的能力。事实上，有些私人企业曾偶然获准铸造货币，或被政府授权铸造货币。然而，由于提供统一的、容易辨认的铸币的技术性任务一直是一个重大难题，所以由政府来铸造货币至少是一项有益的安排。不幸的是，政府很快就发现，铸币工作不仅有益于社会，而且非常有利可图，特别是在人民没有其他选择而只能使用政府所提供的货币的时候。铸币税（seignorage），即抽取出来用以支付铸造成本的那笔费用，成了一笔诱人的收入，并很快就上涨到远高于硬币制造成本的水平。在人们拿着金属块到政府的熔炉去铸造货币的时候，政府强行留下大量货币——这只是

---

① 参见 Endemann[15], p.172。
② 参见 Knapp[36]，并对照 Mann[41]。

政府掠夺人民的第一步；在中世纪，收回流通中的铸币并重新将其铸造成金银含量较小但却标明同样价值的硬币的做法，则日益普遍。我们将在下一节讨论这种降低货币成色的后果。由于政府在发行货币方面的职能已不再只是认证一块金属的重量和成色，而涉及有意识地确定其所发行的货币的数量，因而政府已经完全不适合承担这一任务了。我们可以有十足的把握说，所有地方的政府都一直在滥用人民对它们的信赖，并欺诈人民。

纸币的出现

由于最初的货币只是铸币，所以政府的特权只涉及铸币的发行，在这之后，这种特权扩展到新出现的其他形态的货币上。这些种类的货币最初是在政府需要资金而企图通过强制借贷、筹措款项时出现的，这是政府给人民的收据，政府下令人民必须将其作为货币接受。对于我们的研究来说，政府纸币与此后银行纸币逐渐形成的意义是不易厘清的，因为在相当长的时期内，并没有出现标出不同称号的新型货币，而只是将基于政府垄断发行的现有金属货币的票据请求权用作货币。

只有在纸币或其他代替金属的代用货币代表着对一些有价值之物的索取权时，它们才能被人作为货币而接受和持有，否则它们本身并不可能有任何被人看重的市场价值。要想被人们作为货币接受，它们最初必须有其他价值来源，比如可兑换成另一种货币。因此，金和银在很长的一段时期内仍是仅有的货币，它们之间可能会存在某种竞争；而自19世纪银价急剧下跌以来，银也不再能真正对金构成竞争（对我们目前探讨的问题而言，金银复本位制的可能性[①]无关紧要）。

控制纸币的政治与技术可能性

然而，自纸币的地位在世界各地稳固确立之后，局势已经截然不同了。在金属货币居于统治地位的时候，垄断货币发行就已经够糟糕的了。在纸币（或其他代币券）——它们能够提供最好的和最糟糕的货币——被置于政治控制之下后，这种垄断就变成了一场无可救药的灾难。如果一种货币的发行量被一个机构刻意控制着，而这个机构的自私自利驱使它满足其**使用者**的愿望，那么它就是一种最佳货币。如果一种货币被操纵用来满足特定集团的利益需要，那么这种货币极有可能成为最恶劣的货币（参见第18章）。

纸币的价值显然能够被人们根据不同的原则管理和操纵，再也没有比下面这一点更可疑的了：具有不受限制的权力的民主政府能够令人满意地操纵它。尽管乍一看，历史经验似乎能够证实一种信念：只有黄金能够提供币值稳定的货币，所有的纸币都迟早会贬值——然而，我们对决定货币价值过程的深入分析则告诉我们，这种偏见虽然是可以理解的，但却是站不住脚的。从**政治**的角度来看，政府不可能使纸币不贬值，但这一事实并不意味着我们有理由怀疑，人们在**技术上**做不到控制符号货币的发行数

---

① 参见后文第7章。

量，以使其价值得到准确的体现；而只要达到这一要求，我们就可以设想，人们会接受它，它仍然具有价值。因而，如果现在获得允许，我们就可能得到多种完全不同的货币。它们不仅是同一种货币的不同面额，而且有不同的标记单位，它们的相对价值会不断浮动。同样，在多个国家可能会同时流通几种货币，从而给人们自由选择的空间。而对这种可能性，迄今并未被人们认真地思考过。即使是自由企业制度最激进的鼓吹者，比如哲学家赫伯特·斯宾塞（Herbert Spencer）[①]或法国经济学家约瑟夫·加尔尼埃（Joseph Ganier）[②]似乎也只是主张私人铸币，而 19 世纪中叶的自由银行业务运动也只是呼吁银行有权根据通用货币发行货币。[③]

货币垄断支撑政府权力

诚如我们以下所见，政府发行和操纵货币的排他性权利当然无助于我们得到优于其他制度下的货币，甚至可能得到糟糕得多的货币，它只是政府实施其主导政策的一个重要工具，并极有助于政府权力在各方面的增长。当代的政治在很大程度上是以下面的假设为基础的：政府有权随自己的意愿任意制造货币，并使人们接受。政府据此强有力地捍卫着自己的传统权力。然而，也正是基于同一理由，将这种权力从政府手中拿走就是最重要的一步。

无论如何，政府都不应当比私人更有理由（至少在和平时期）

---

① 参见 Herbert Spencer[57]。

② 参见 Joseph Garnier[21]。

③ 参见 Vera Smith[55]。

获得自己想要的东西，在使用人民表示认可的手段方面，政府应
该受到严格的限制，它不能将其手段扩展到人民所同意的范围之
外。近代以来，政府之所以能够不断扩张，在很大程度上是因为它
能够通过发行货币来弥补赤字，而借口经常是它将因此而创造就业
机会。而下面这一点也许是相当重要的：亚当·斯密在"根据自然
的自由制度政府应当承担的三项职责"中，并没有提到控制货币的
发行。①

---

① 参见 Adam Smith [54]，P.687。

04

政府垄断权一直遭滥用

我们在研究货币史的时候会情不自禁地感到好奇，人们为什么会在两千多年的时间里，一直听任政府行使一种经常被用来剥夺和欺诈他们的专有权呢？这一点只能用一种神话——政府的垄断权是必不可少的——来解释，这个神话是如此根深蒂固，即使是那些专门研究这些问题的人士也从来没有质疑过它（我在很长时间里都相信它①）。但是，一旦这种根深蒂固的理论的有效性遭到怀疑，则其根基很快就会变得摇摇欲坠。

我们不能将统治者在垄断货币发行权方面的恶劣行径追溯到古希腊哲学家第欧根尼之前，因为这位哲学家早在公元前 4 世纪就说过，货币成了政客的掷骰子游戏。但自古罗马时代到形形色色的纸币开始占据重要地位的 17 世纪，铸币的历史几乎就是一部不断贬值的历史，或者是铸币的金属含量不断减少而所有商品

---

① 参见 Hayek[29], pp. 324 及以后各页。

的价格都不断上涨的历史。

历史基本上就是政府制造通货膨胀的过程

迄今没有人撰写过有关货币价值发展变化的完整的历史。事实上，这部历史必将是一个过于单调且令人压抑的故事。而我认为，总体来看，要说这部历史是一部通货膨胀的历史也并不为过，而且这些通货膨胀通常是由政府制造的，政府也从中受益——当然，16 世纪，黄金、白银的大发现也产生了同样的效果。历史学家已经一再试图证明通货膨胀的正当性，他们声称，只有这样才有可能促成长时间的经济迅速增长，他们甚至还提出了一套又一套关于历史的通货膨胀主义理论。[①] 不过，这些理论显然已经遭到历史事实的反驳：就在英国和美国经济增长最迅速的那段历史时期终结的时候，两国的物价却跟 200 年前处于同一水平。然而，重新提出这一问题的人士，通常却对以前的讨论一无所知。

中世纪前期的通货紧缩：地方性与暂时性

中世纪初期曾经历过一场导致整个欧洲经济衰退的通货紧缩。但即使是这一点，也不是很确定。总体看来，当时似乎是贸易的收缩导致了货币流通数量的减少，而不是相反。我们发现了人们

---

① 尤其是 Werner Sombart[56] 及他之后 Archibald Alison[1] 等人。关于这些学者，参见 Paul Barth[4]，有整整一章专门探讨 "货币价值功能的历史"，也请参见 Marianne von Herzfeld[32]。

对商品价格飞涨和铸币贬值的很多抱怨，通货紧缩则仅仅是小范围内的现象，其发生在由战争和人们迁出并摧毁了市场，以及人们藏起自己的财富而导致经济萎缩的地区。而在这些地方，比如意大利北部，贸易很快就复苏了。然后，我们立刻就会发现，所有的小君主都争相减少铸币的分量和成色——这一过程持续了数个世纪。尽管在这期间，有些私营商人曾竭力想提供某种更健全的交换媒介，但却没有取得成功。最后，意大利被视为货币最糟糕而货币专业技巧最发达的国家。

尽管神学家和法学家都曾出面谴责这种做法，但这种做法却不见收敛。最后，纸币的出现让政府获得了一种更为廉价的诈骗人民的方法。当然，政府要达到这一目的，就不可能不使用最残暴的手段将这些劣币强加于人民。一本讨论货币法律的法学专著曾这样概括人们仅仅因为拒绝接受法定货币而遭受惩罚的历史：

从马可·波罗的记载中我们得知，13世纪的中国法律规定，拒绝接受帝国的纸币将被判处死刑，而拒绝接受法国的"指券"①的人受到的刑罚则是20年监禁，有时则会被处死。在早期的英国法律中，拒绝法定货币者会以冒犯君主罪（lese-majesty）论处。在美国革命期间，不接受大陆纸币被视为一种敌对行为，有时债权也会被勾销。②

---

① Assignats，法国大革命期间（1789—1796年）所发行的一种纸币。——译者注
② 参见 A. Nussbaum[50]，p.53。

专制制度压制商人创造稳定货币的努力

早期，阿姆斯特丹等地的银行开展业务的基础，就是商人试图为自己提供一种稳定的货币，但正在兴起的专制制度很快就压制了所有试图在政府发行的货币之外再创造一种货币的努力，取而代之的是政府鼓励那些发行合乎政府法定货币的银行大力发展。可惜，比起金属货币，我们对这一段为新的滥权行径敞开大门的历史的了解却少得可怜。

据说，中国人根据他们使用纸币的经验，在欧洲人使用纸币之前，就已经竭尽全力避免使用它了（当然并不成功）。[①] 当然，欧洲各国政府一旦知道可以发行纸币，就立刻开始冷酷地利用它——当然，不是为了向人民提供健全的货币，而是尽可能地为获取财政收入而利用它。即使在英国政府于 1694 年将某种有限的纸币发行垄断权出售给英格兰银行之后，它也并没有轻易地将其对于货币的权力——这种权力在以前是以铸币特权为根本的——放手交给真正独立的银行。在一段时间内，由于金本位制盛行，人们曾经相信，维护这种制度是一件能增进威望的重要事情，而取消它则会令国家受辱，这种想法对上述发行货币的垄断权施加了某种有效的约束。正是这种约束，使整个世界获得了长时间（大约有 200 多年）的货币（相对）稳定，在此期间，工业制度得以发展壮大（尽管也出现过周期性的危机）。然而，50 年前的人们

---

① 关于中国的情况，参见 W. Vissering[62] 与 G. Tullock[59]，不过，他们都未提到常被人详细描述的"终极禁令"（final prohibition）的故事。

开始广泛地相信，纸币可以被兑换成黄金，这纯粹是一种控制货币发行**数量**的方法而已，实际发行货币的数量才是决定货币价值的真正要素。此后，各国政府便急于摆脱那种约束，货币成了政治任意摆弄的玩意儿，比以前有过之而无不及。只有少数几个强国一度保持了尚可接受的货币稳定，它们也为其殖民国带来了一定程度的稳定，而东欧和南美洲从来就没有实现过长期的货币稳定。

此后，各国政府从来没有利用它们的权力在较长时段内提供一种比较健全的货币，它们也从来没有像在金本位制的纪律约束下那样克制自己不去肆意地滥用手中的权力。但今天我们再也不能容忍政府的这种不负责任做法的理由在于，我们已经知道，我们是有可能通过控制货币的发行数量来防止货币购买力的剧烈波动的。而且，如果对于政府来说，没有了金本位制之类的制度约束，那么我们就有充分的理由不信任它，但我们却没有理由对私人企业使其所发行的货币保持稳定的能力表示怀疑，因为它的生存就取决于其所发行的货币的稳定。

在我们揭示这样一种制度应如何运转之前，我们必须首先清除两个偏见，这两个偏见可能使人们毫无理由地反对我们的建议。

05

法币的神秘色彩

人们的第一个偏见涉及"法币"（legal tender，法定货币的简称）的概念。对于我们的研究来说，这个概念并不是很重要，不过，人们却普遍相信，这个概念能够说明政府为什么必须保持货币发行的垄断权，或者证明其正当性。对于我们这里讨论的建议，人们的第一反应通常就是："不过，总得有个法币吧。"仿佛这一概念能够证明仅由政府发行单一一种货币的必要性，人们相信，这是维系日常商业活动所不可或缺的。

就其严格法律意义而言，"法币"无非指这样一种货币，即债权人在清偿他人欠他的以政府所发货币标价的债务时不得拒绝它。[1] 即便如此，在英国的成文法中对此术语并无权威界定。[2] 在

---

① 参见 Nussbaum[50], Mann[41], Breckinridge[6]。

② 参见 Mann[41], p.38。此外，英国法院一直到最近都拒绝裁定可以用英国货币之外的其他货币支付，这种做法使法币在英国具有极为不同的地位。但这种做法有可能发生变化，最近的一个裁决［Miliangos v. George Frank Textiles Ltd（1975）］表明，英国法院可以裁定某种外国货币来支付以外国货币借贷的债务，比如在英格兰，现在就有可能强制以瑞士法郎索取售货款。

其他国家，它仅仅指按合同约定以政府所发货币借贷或根据法庭裁决用于偿付应付债务的手段。只要政府拥有货币发行的垄断权，并利用此权力发行货币，它就必然有权力规定，可以通过哪种物品清偿以它所发货币标价的债务。但这既不意味着所有货币都必须是法币，也不意味着由法律赋予的具有法币性质的所有东西都肯定是货币（有这样的历史实例，债权人在要求用货币清偿其债务时，被法院强迫接受烟草之类的商品，而这类商品是很难被称为货币的 [①] ）。

自发的货币证明上述迷信的错误

然而，在公众的心目中，"法币"一词却逐渐被笼罩在一种模模糊糊的观念中，人们以为，必须由国家来提供货币。这是那种中世纪观念的再现，这种观念认为，货币的价值是由国家赋予的，否则货币就不具有价值。然而，在我们看来，这一观念只在非常有限的程度上是正确的，即政府可以强迫我们接受其希望我们接受的东西，而不给予我们按合同应当得到的东西。从这个意义上来说，对于债权人而言，政府赋予了该替代品相当于其合同最初规定的债权价值。但必须由政府（通常说的是"国家"，为了好听一些这里用"政府"一词）来宣布什么东西可以成为货币，仿佛政府是在根本不存在货币的地方人为地创造出一种货币，这种迷信可能源于下面这种天真的信念：货币这样的工具必须由某个最

[①] 参见 Nussbaum[50], pp.45-46。

初的创造者"创造出来"并赐给我们。这种信念，其实早已经完全被我们对于货币之类的不是经过有意设计而产生的制度通过某种社会演进过程而自发形成的理论取代了，这样的理论现在已经成为主流的范式了（法律、语言、伦理规范等都是这样的例证）。而中世纪的"价值强加"学说被20世纪极受人尊敬的德国教授纳普重拾之后，则为一种政策开辟了道路，这种政策导致1923年的德国马克仅仅是其以往价值的一万亿分之一。

私人货币曾受偏爱

即使政府不掺和货币的事情，社会也能够并且确实曾经形成过货币，甚至是极其令人满意的货币（尽管这样的货币经常不被允许长期存在）。① 但从一位荷兰学者在100年前关于中国的报道中，我们可以获得一点经验，他在评论"在世界的那块土地当时流通的纸币"的时候说："**正因为它不是法币**，因为它跟国家没有关系，因而才被人们普遍地作为货币接受。"② 今天，我们将货币归功于政府，我们认为，在给定的国家疆域内，通常只能有一种货币被人们普遍地接受。但这种局面是否可取，或者即使人们明白这样做的

---

① 曾经，商业城市的地方政府尝试过提供起码能保持金属成色恒定的货币，比如阿姆斯特丹银行的创办，这种做法曾在较长时间内相当成功，它的货币也被其他国家广泛使用。但是，即使在这些地方，政府也迟早会滥用它们半垄断的权力。阿姆斯特丹银行是一个国家机构，在某些特定情况下，人们必须用它发行的货币，这种货币就会成为法币。一般的小额交易或当地企业越出城市边界的交易则不必用它支付。威尼斯、热那亚、汉堡和纽伦堡也都曾出现过同样的变化过程。

② 参见 Wiliem Vissering[62]。

好处，是否就因而不能再获得一种更健全的且跟法币也没有什么关系的货币？这是有很大的问题的。而且，某种"法定的支付手段"（Gesetzliches Zahlungsmittel）未必就是由一部法律具体规定的，只要法律能使法官来裁定可以用何种货币来清偿一笔债务就足够了。

这种常识早在 80 年前，就由一位杰出的自由主义经济政策的捍卫者、法律家、统计学家和政府高级文官法勒尔爵士（Lord Farrer）极为清晰地阐述过了。在一篇写于 1895 年的文章[1]中，他争辩说：

如果国家只是规定，法币无非就是（它们承认的价值的）标准单位，那么国家就没有必要颁布有关法币的特别法律，法币也没有发挥作用的空间。只要普通的合同法就足够了，不需要法律赋予某种特定货币特别的功能。我们已经采用金沙弗林[2]作为我们的货币单位或价值标准。如果我承诺支付 100 金沙弗林，那么不需要有关法币的特别法律来告诉我，我必须支付 100 金沙弗林；只要确实需要我支付 100 金沙弗林，我就不可能用别的东西来清偿我的债务。

他在考察了法币概念的典型应用场合之后得出如下的结论：

我们在上面考察了有关法币在法律上的用途或遭滥用的情形，除了最后一种情况（辅助性铸币）外，我们看到，它们都具有一个

---

① 参见 Lord Farrer[17]，p.43。

② golds overeign，旧时英国面值为 1 镑的金币。——译者注

共同点：在所有的情形中，该法律能使债务人支付并使债权人接受某种与他们合同中所规定的标的不同的东西。事实上，这是运用专断的权力将一种强制的、反常的东西强加于人们的交易过程。①

过了几行，他对此又补充了一句："任何有关法币的法律就其本性而言都'有犯罪嫌疑'。"②

法币会造成不确定性

事实的真相是，法币只不过是一种迫使人们在履行一份合同时接受某种他们在订立合同时从来就没有想到过的东西的法律手段而已。因而在某种情势下，它就变成了一种加剧交易不确定性的因素。诚如法勒尔爵士在同一篇文章中所指出的，其结果是：

---

① Lord Farrer[17]，p.45。在讨论此问题时，常被人引用的最权威的章节是卡尔·门格尔于 1892 年在 [43a] 中对法币的讨论，不过，他用的是在德语中有更强褒义色彩的词 Zwangskurs——我的看法无疑源自门格尔的论述，但我在写作本书第一版时忘了这个出处。参见重印本 pp.98-106，尤其是第 101 页，这里形容 Zwangskurs 是 "一种规定，违反人们的意愿施加强制手段，其目的至少是把用误铸币权或者纸币发行权而产生的各种形式的病态 [也就是例外的（？）] 流通手段逐出或维持在流通领域"；在 104 页，门格尔又说它是 "一种对债权人行使的法定强制程序，即强制债权人在处理总债务时（或处理其他种类债务时）接受这样一些类型的货币支付，这些货币往往不符合相应债权的明文或非明文约定内容，或迫使债权人以一种与自由流通时的价值不相称的价值接受这些货币"。尤其有趣的是，在 102 页上第一个脚注中，门格尔指出，19 世纪上半叶自由主义经济学家在这个问题上已形成了相当普遍的共识，而到了 19 世纪下半叶，由于受（大概是德国的）法学家的影响，经济学家又开始错误地认为法币是健全货币的一种属性。（门格尔之语原为德文，承询冯兴元博士后译出，谨致谢。——译者注）。

② 同上引书，p.47。

除非借助某种专断的法律强加于各方，否则不可能出现这种人为操纵合同的事情。

一些历史实例已经清楚地说明了这一点，在这些实例中，"法币"一词广为人知，并被人们视为货币的唯一定义。在内战后诉至美国最高法院的臭名昭著的"法币案件"中，法官面临的纠纷是：债权人曾在美元价值较高时借出债务，在要求归还时，债务人是否仅按票面价值归还即可？[①] 在第一次世界大战后，欧洲经历了严重的通货膨胀，这个问题更加严峻地摆在人们面前，而德国马克在经历过极为严重的通货膨胀后，依然执行着"马克就是马克"的原则（尽管后来法官做出了一定努力，对于那些受损最严重的债权人提供了有限的补偿）。[②]

纳税与合同

政府当然必须能够自由地决定民众应以什么样的货币交税，并以它所选定的货币订立合同（这样，它就可以扶持它所发行或它所偏爱的货币了），但为什么它就不能承认其他的计账单位并将其作为税收评估的基础呢？在非合同性支付中，比如在损害赔偿

---

① 参见 Nussbaum[50]，pp.586-592。

② 在奥地利，1922 年以后，就因为"克朗（krone，奥匈帝国货币单位）就是克朗"这个原则，"熊彼特"这个名字在普通人中间几乎成了一个咒人之语。这源于经济学家熊彼特在其担任财政部部长的短暂任期内，曾在政府的一道政令上署过自己的名字，这道政令不过是重申了具有无可置疑的法律效力的原则，即在克朗价值较高时发生的债务，可以用贬值后的克朗偿还，而此时其价值只是其最初的一万五千分之一。

或侵权赔偿中，法庭要决定被告应该以什么样的货币来支付赔偿，由此是有可能发展出新的规则的，但这并不需要什么特别的立法。

如果某一政府由于战败、革命或民族的解体而消失，那么该政府发行的货币就可能会被另一种货币替代，此时就会出现一个很实际的难题：在这种情况下，新政府通常总是要就如何处理以已不流通的货币订立的私人合同留下的问题而颁布法令。如果一家私人发币银行停止营业，无法回购其纸币，则可以推想，这种货币会一文不值，持有这种货币的人没有任何权利要求得到补偿。但法院可以裁定，在这样的情况下，第三方以该种货币订立的合同在没有理由期望其保持稳定时即可终止，并可以用能够最大限度地体现法官推定的各方意图的其他货币来履行该合同。

06

关于格雷欣法则的错误认识

　　因为劣币有驱逐良币的趋势，所以需要政府垄断货币发行——这是对格雷欣法则的误解。杰出的经济学家 W. S. 杰文斯曾以"良币不可能驱逐劣币恰恰证明了这一法则"这句话强调过这一法则。他提出这一点时，是为了反驳哲学家赫伯特·斯宾塞提出的一个建议：放开黄金铸币市场，允许自由竞争。在那个时代，人们所能想到的不同货币就是金币和银币。杰文斯曾在一个矿场当过化验师，正是这段经历促使他研究经济学，他并未认真考虑是否有可能出现其他类型的货币。他对斯宾塞的说法大为恼怒。斯宾塞说：

　　……既然我们信赖杂货店老板卖给我们的茶叶的分量，我们也相信面包店主卖给我们的面包的分量，那我们也可以相信希顿父子公司（Heaton and Sons）或伯明翰其他企业会根据其风险、利润供应给我们金沙弗林与先令。①

他对此建议的气愤导致他直截了当地宣称："一般来说，没有任何东西比货币更不适合交给企业进行竞争的了。"②

比较典型的是，即使是斯宾塞当时所考虑的，也不过是允许私人企业生产出的货币跟政府发行的货币相同，即金币和银币。他似乎认为，这是人们可以合情合理地设想到的唯一货币，因此，政府发行的货币与私人发行的货币之间必须保持固定兑换率（在重量与成色相同的情况下为1:1）。事实上，在那种情况下，只要有任何货币生产商发行劣质货币，格雷欣法则就会发挥作用。显然，这是杰文斯所设想的情况，因为他是依据如下理由来反驳斯宾塞的建议的：

……在其他商品市场中，每个人都受利己之心驱使，选择质量好的东西而拒绝质量差的东西，但在货币市场上，结局却有可能是，每个人反常地保留劣币而放弃良币。③

---

① 参见 W. S. Jevons[34], p.65，是在反驳 Herbert Spencer[57]。

② 参见 W. S. Jevons [34], p.65。我们可在 S. J. Loyld（后来的 Overstone 爵士）写于1837年的著作——参见 [38],p.49——中看到，应将银行业务和钞票发行排除在普遍适用的自由竞争之外的早期典型论证："竞争带给社会的一般好处是，它能增加生产商发明创造的产品数量，从而确保其以最低价向公众提供最好的商品（包括品种和数量），而生产商方面所犯的一切错误，其后果都会由生产商自己承担而不会落到公众头上。但涉及纸币时，公众利益就与此完全不同了，必须致力于通过固定法则来使其数量保持稳定，而在此问题上的任何一个错误，其后果都不是落在发行商头上，而是在很大程度上由公众承受。"显然，这位作者只考虑了不同机构发行同一种货币的可能性，而未考虑几种不同货币彼此竞争的可能性。

③ 参见 Jevons [34], p.82。Jevons 的话实在大错特错，从字面意义上看，格雷欣法则当然是通过人们放弃劣币、保留良币以备他用而发挥作用的。

　　杰文斯与很多经济学家一样，似乎忽视了下面一点——或者认为这一点无足轻重：格雷欣法则只适用于法律强制规定几种不同的货币之间维持固定兑换率的情况。① 如果法律强制要求两种货币在偿付债务时可完全互相替换，并强迫债权人接受黄金含量较低的铸币而无法得到黄金含量较高的铸币，债务人当然乐意以前者偿付，并发现把后者留给自己更有利。

　　但如果兑换率是可变的，则质量低劣的货币只能得到较低评估，尤其在其价值还在继续下跌时，人们会立刻将其脱手。这个淘汰过程会一直进行下去，最后会在不同机构发行的货币之间产生出一种最佳货币，它会驱使人们发现使用不便或没有价值的货币。② 事实上，在通货膨胀迅速加剧时，具有更稳定价值的所有东西，从土豆到雪茄，从白兰地到鸡蛋，还有美元之类的外国货币，都会被越来越多地作为货币使用。③ 于是，当德国通货膨胀结束时，人们断言，格雷欣法则错了，其实应该相反。这个法则并没有错，但只有在强制规定不同种类货币间的**兑换比率维持固定不变**时才有效。

① 参见 Hayek[30] 和 Fetter[17a]。
② 如果像有些人有时引用的那样，格雷欣认为良币通常不能驱逐劣币，那他就完全错了，除非我们给其论断加上一个他可能隐含的假定：政府强制执行某种固定兑换率。
③ 参见 Bresciani-Turroni[7]，p.174："在人们对本国货币极不信任的环境中，格雷欣法则的原则会颠倒过来，良币将驱逐劣币，后者的价值会持续贬低。"但即使是他也没有指出，决定性的区别并不是"极不信任"，而是政府是否能有效强制执行固定兑换率。

07

平行货币及贸易性铸币的有限经验

在贵金属是唯一被投入使用和被人们普遍接受的货币，且所有与其接近的替代品至少可用其兑付时（铜很早就沦为补充性硬币），唯一能同时流通的货币就只有金币和银币。

旧时的货币兑换商不得不应付的几种铸币，最终只剩下金币和银币两种，其中的相对价值只能取决于铸币中两种金属的含量（这不能由普通人而只能由专家辨析清楚）。很多君主都曾试图在金币与银币之间确立固定的法定兑换率，从而创造出某种被称为金银复本位制（bimetallism）的货币制度。不过，尽管很早就有人提议通过国际性条约确定这种比率，[①] 但各国政府还是各自确定了不同的兑换率，每个国家都有可能损失那种与其他国家的该种货币相比其价值被低估的铸币。基于这一理由，这一制度正确的名称其实应为某种选择性本位制（alternative standard），一种货币的

---

① G. Scaruffi[53] 于 1582 年提出。

价值取决于当时价值被高估的那种金属的价值。在 19 世纪中叶这种制度被最终放弃之前，有人曾做过最后一次努力，试图在国际范围内确定金和银之间的统一兑换率，即 15.5：1。只要两种金属的产量不发生太大变化，这种努力是有可能取得成功的。这两种贵金属中相当大一部分被用于制造货币，这也就意味着，随着这些金属的流入或流出，其相对价值可能发生调整，最后会达到其作为货币可合法兑换的那个比率水平。

平行货币

不过，在有些国家，金和银曾在很长时间中同时流通，其相对价值随环境变化而不断浮动。比如在 1663—1695 年，英格兰就通行此制度，但 1695 年，政府下令在金与银之间确定固定兑换比率，金价被高估，结果英格兰在无意之中建立起金本位制。[①]这两种金属铸币在没有固定兑换率情况下同时流通的现象，后来被一位来自汉诺威的学者称为平行货币（parallel currencies, Parallelwährung），以区别于金银复本位制，一直到 1857 年，汉诺威地区都在实行该制度。[②]

这是有史以来曾被广泛使用的唯一一个并行货币制度，但由于一个特殊理由，此制度被证明很不便利。由于在大多数时间里，同等重量的黄金价值是白银的 15 倍，因而显然需要前者用大

---

① 参见 A. E. Feaveryear[16], p.142。

② 参见 H. Grote[23]。

面额，而后者用小面额（铜则用更小面额）。然而，由于几种铸币价值都在变动，因此小面额铸币与大面额铸币不能保持恒定比率。换句话说，金币和银币自成体系，它们并不是同一体系中的大面额和小面额。[1] 这使大面额与小面额的换算成为大问题，即使是为个人自己记账，人们也无法只使用一个记账单位。

除了"远东"最近还有的少数几个例证[2] 外，似乎很少有几种货币同时流通的情形，而人们关于金币和银币并行流通的记忆，也使此制度的名声相当糟糕。但这些经验仍很有趣，因为它们是为数不多的关于几种货币并行流通的历史事例，具有重大价值，我们从中看到几种货币同时流通会引起若干难题。在这样一种制度中讨论一国疆域内流通的货币的**总**数量，严格来说是没有意义的。我们这样说毫不为过，因为只有在我们知道了不同货币单位的相对价值后，才能增加中不同货币的发行数量。

贸易性铸币

与上述货币制度略有不同，更为复杂的例子是人们使用贸易币（trade coins），[3] 此制度也于事无补。奥地利玛丽亚·特蕾沙女王时代的泰勒（Maria Therasa Thaler，银币单位）曾在红海周围地区

---

[1] 中世纪，由意大利大城市商业共和国发行的金币一度被广泛用于国际贸易，并在相当长时期内，其含金量都保持稳定，而各地发行的用于当地零售交易的面值较小的铸币，其中大部分是银币，却经常被君主降低成色。见 Cipolla[11]，pp.34 及以后各页。
[2] 参见 G. Tullock[59] 和 [60]，对照 B. Klein[35]。
[3] 关于贸易性铸币情况的一个很实用概括，见 Nussbaum[50]，p.315。

流通，墨西哥银圆也曾在"远东"地区流通，在有些边界地区或旅游中心会同时流通两个或多个国家的货币。事实上，我们在这方面的经验仍非常有限，因此，我们所能做的，最多也就是借古典经济理论的正常推理进行思考，从我们关于人在不同环境中活动的共同经验中整理出某种心理模型（或思想试验），以描述很多人被置于新选项中时有可能发生什么。

08
让私人发行的货币流通起来

在下面的讨论中，我将假定，我们有可能会在世界的几个地区建立几家机构，它们可以自由地发行彼此竞争的钞票，并同样可以用它们各自的货币单位开立支票账户。我将把这些机构简单地称为"银行"，或在有必要将其区别于那些决定不发行钞票的银行时，称其为"发钞银行"（issue banks）。我要进一步假定，一家银行为自己发行的钞票所命名的名字或这些钞票的面额单位，将受到类似于品牌或商标那样的保护，未经授权的机构不得使用，同样也禁止伪造，就像禁止伪造其他文件一样。据此，这些银行就将竞相使自己发行的钞票尽可能地为消费者提供便利，从而吸引公众使用它们的钞票。

私人发行的瑞士"达克特"

读者可能会立刻问，这样的钞票如何才能被人们作为货币普遍接受？回答此问题的最好办法可能是描述一下，比如若是由我负责瑞士某家合股银行，我会怎么发行一种新型货币。假定法律允许（对这种可能性我暂不讨论），我将宣布发行无息流通券（non-interest bearing certificates）或钞票，并以此开立往来支票账户，其单位是"达克特"①，并注册一个专有商标。我要承担的唯一法定义务是在持有人提出赎回这些钞票和存款时，视持有人的喜好，每"达克特"可兑换5瑞士法郎或5德国马克或2美元。这种赎回价值只是保底价，"达克特"的价值不可能跌到这个水平之下，因为我会同时宣布，我将努力调整"达克特"的发行数量，使其（精确计算出来）购买力尽可能保持恒定不变。我还将向公众说明，我已充分意识到，我完全有可能保持这些"达克特"的价值不变，因为只要我能满足人们的下列预期，我就可以做到这一点——其价值将被保持在大致恒定不变的水平。我还要宣布，我将随时公布我想要使"达克特"价值保持稳定所需的商品等价物的精确数量，但我将保留在做出上述宣布之后，根据实际情况及公众表露出来的偏好变化而修改商品本位构成的权利。

*

尽管由法律来规定发钞银行需保持其钞票价值稳定既是不必要的，也是不可取的，但该行在其贷款合同中显然还是有必要明确规定，任何贷款均可以用该行所发货币的名义数量来偿付，也可以用相应数量的其他货币或货币组合来偿付，只要其价值足以在市场上购买与发放此笔贷款时作为其准备的商品等值的商品等

---

① ducat，旧时在欧洲许多国家通用的金币或银币。——译者注

价物即可。由于该银行必须主要通过放贷活动发行其货币，那些有意借款的人完全有可能被该银行可随意提高其钞票的价值的形式上的可能性吓住，因此，他们肯定会要求发钞银行明确保证杜绝这种可能性。

**

这些流通券或钞票及其等价的账面信用，将通过短期贷款或与其他货币兑换流入公众手中。可以推想，由于该发钞银行已保证可按持有人要求以各种方式赎回，因此从一开始，该银行就会在出售该钞票时获得高于其可兑付的任何其他货币价值的溢价。随着政府发行的各种货币的真实价值不断缩水，这种溢价会上升。"达克特"最初出售时的价格的真实价值将作为该发钞银行竭力保持恒定的一个标准。若原有货币继续贬值（而一种可以替代它且更稳定的货币的出现会加速此进程），公众对这种稳定货币的需求将迅速增加，提供同样稳定但名称不同的钞票的彼此竞争的企业将会出现。

最初，销售（通过在柜台交易或拍卖）将是新货币发行的主要途径。在正常钞票市场建立后，只需通过正常银行业务（短期贷款），即可开展日常发钞业务。

稳定但不固定的价值

发钞机构应该从一开始就明确宣布旨在让"达克特"价值保持稳定的商品组合，这是可取的。不过，以法律将其价值与某种具体商品本位捆绑在一起既不必要也不可取。公众对彼此竞争的货币的发行做出的反应，在经历一段时间后将逐渐揭示出，何种商品组合能构成特定时间和特定地点最可取的本位。各种商品的重要性及其交易数量在不断变化，其价格的相对稳定性或灵敏性（尤其是其价格由竞争决定的程度）也都在变化，这些变化将提示发钞机构改变其商品组合，以使其发行的货币更受欢迎。总体来说，我有理由期望，基于我后面（第13章）将予以解释的理由，以一组原材料价格作为商品准备本位的基础①似乎最恰当，不管是从发钞机构自己的角度来看，还是从保持整个经济活动过程稳定性的角度来看，都是如此。

通过竞争控制价值

事实上，从绝大多数方面来看，上面提出的制度将会被证明是实现我们有望从某种商品准备本位制或其他形式"物价指数本位制"所能获得的种种益处的更加可行的途径。同时，这种制度不需要由垄断当局进行控制，它完全能够自动运转，其运转可以完全委托给私人去考虑。如果发钞机构不能满足人们的预期（而政府机构也肯定会滥用机会来操纵原材料价格水平），那么该机构就有可能迅速丢掉其整个发钞业务，这种恐惧将能提供比任何政府垄断所能提供的更强大的保险机制。竞争肯定会被证明是一种比以这些商品（或黄金）赎回这些钞票的义务更有效的约束，它会迫使发钞机构保持其货币的价值稳定（按一组预先选定的商品来衡量），这也将是聚集和储存贵重金属的一种更廉价的方式。

---

① 参见 Hayek[30], pp.318-320。

私人货币赖以生存的基础是人们对它的信任，这种信任与目前所有私人银行赖以生存的储户对它的信任（或者在美国政府的存款保险计划出台之前人们对私人银行的那种信任）没有区别。人们现在都相信，一家商业银行为维持其生意将会妥善安排其活动，从而使储户可在任何时间将其存款兑换为现金。尽管人们也知道，若所有人同时到银行行使其权利，要求银行立刻支付现金，银行不可能有充足的现金满足其要求。同样，在我们设想的上述制度中，银行管理者将逐渐明白，其生意得依靠货币持有人的稳固信心，因此他们会持续不断地调整"达克特"（及其他钞票）的发行事宜，以使其购买力始终大体保持稳定。

那么，这种业务的风险是否真的大到需要某种具有保守倾向的人进入，才能使其业务顺利进行呢？[①] 不可否认，一旦在宣布将增加多少发行量并开始实施之后，该决策就不是发钞机构所能控制的了。为了实现其所宣示的保持其货币购买力稳定的目标，其货币的发行数量就应及时调整，以适应需求的变化，不管是上升还是下降。事实上，只要该发钞银行能成功保持其货币的价值稳

---

① 关于吸引力的问题，Fischer[18] 对企业发行指数化债券曾经极为勉强一事的讨论多少与此有点关系。一家银行发行的钞票的价值相对于同时流通的其他货币的价值逐渐上浮，确实可能导致这样一种局面：已发行的这种钞票的总价值（加上来自其他方面的债务）将有可能超过其总资产。这家银行当然有以这种价值赎回其钞票的法定责任，但只有在它能迅速以其钞票的现价购入其所发钞票时，它才能保住自己的生意。只要它成功维持其钞票的真实价值，它就不需回购太多已发钞票。任何人可能都不会怀疑，拥有某位著名艺术家雕刻作品的艺术经纪人可以通过富有远见的买卖保有这些作品的市场价值，哪怕他绝不可能买光市面上这位艺术家的所有印刷品，只要这位艺术家的作品仍在流行即可。同样，一家银行当然可以维持其所发钞票的价值，即使它根本不能回购已发行的全部钞票。

定，它就没有理由担心公众对其所发行的货币的需求会突然大幅减少（即使成功的竞争者可能会抢走其相当大的流通份额）。最尴尬的局面反而可能是需求的急剧增加，超出某家私人机构能应付的限度。不过，我们可以相当确定地断言，假如其发钞业务如此成功，就立刻会有新的竞争出现，以缓解该银行的紧张局面。

最初，发钞银行可以以不怎么高的成本对其发行的货币保持100%现金准备，并把其所获的溢价不受限制地投入一般银行业务。然而，一旦引发了通货膨胀，其他货币相对于"达克特"大幅贬值，该银行为了维持"达克特"价值稳定，恐怕不得不以比之前高得多的兑换率回购大量"达克特"。这意味着，它不得不迅速撤出其大量投资。因而，这些投资最初必须非常谨慎地挑选，以使公众在对该货币的需求急剧增长时不至于出现尴尬的境况：促成这一有利发展的机构，不得不把增加了的市场中的一部分份额拱手让给模仿它的银行。顺便说一句，寻找某种能有充足资金履行义务以保证币值稳定的投资是相当困难的。对于我们正在讨论的这家发钞银行来说，它所面临的难题跟目前银行家所面临的难题并不相同：所有以其所发货币放出的贷款，当然都属于稳定的资产。乍一看，这样一家发钞银行用自己能决定其价值的货币记录其债权、债务——尽管它如果随意地、任性地改变其价值，就不可能不损害其业务的基础——似乎让人有点困惑，但这种做法其实不会带来实际的困难。如果我们记住，这样一家银行用它自己发行的货币来记账是很自然的，那么乍看起来让人困惑的账目问题就基本不存在了。这样一家发行自己的货币的银行，是不会以其他价值单位来表示这些债务的；它会自己决定着该货币单位的价值，它以该货币单位记录自己的债务、债权和账目。如果我们尚能记住，这恰恰是所有中央银行在大约半个世纪中所干的事情，它们的钞票当然是兑付不到任何东西的，那么，这一点就不再那么令人震惊了。但那些相对于其他大多数资本性资产而可能升值的钞票，可能确实会面临会计上的难题，这是它们以前从未碰到过的难题。发钞银行最初当然负有法定义务，使人们可用其发行的货币赎回其他货币，但在该货币已存在一段时间后，其他货币的价值就可能已经很小，甚至已经完全消失了。①

---

① 如果对这一稳定货币的需求突然大幅增加（可能是因为严重的通货膨胀），则可能带来一个很实际的难题，恐怕就得通过出售大量这种钞票换回其他钞票才能解决。这家银行当然不得不防止这种局面的出现，而要做到这一点，唯有增加钞票的发行量。但出售本行钞票换回别人的钞票，有可能使其资产出现缩水（如果按其钞票计算的话）。这家银行似乎不大可能非常迅速地增加其短期贷款量，即使它答应以极低利率放贷——即使在这种情况下，它以某种负利率放贷，也比售出本行钞票购入外行钞票更安全一些。它也许能以极低的利率发放长期贷款，而购入可流通证券（以自己的货币标价），在对其钞票的突然需求迅速出现逆转后，这些证券就会变得很容易出售了。

09

发行不同货币的银行间的竞争

长期以来，人们将下面一点视为不证自明之理：货币发行不可交给竞争，但可能没有人能讲清楚这是为什么。诚如我们已经看到的，这样说的理由似乎是，人们总是假定，一个国家只能存在**一种统一**的货币，而竞争则意味着货币发行的数量得由几个独立的发钞银行来决定。但显而易见的是，让不同银行竞争性地发行具有同样名称的钞票，并时刻准备彼此互相兑换，这种制度是不可行的，因为没有谁能控制其发行数量，因而也没人能对这些钞票的价值负责。因此，我们需要考虑的问题是，发行具有明显差异且由不同货币单位构成的钞票的多家发钞银行之间的竞争，是否真的不能为我们提供一种优于我们已经见过的货币呢？其带来的不便（而且是大多数人从未经历过的）又是否比单一货币更多呢？

在这种情况下，一家发钞银行所发行的货币的价值不一定会受其他机构（私人企业或政府）所发行的其他货币发行量影响。每家

发行自己货币的银行都有能力调整其货币发行数量，以使公众最乐
意接受这些货币——竞争会迫使每家银行这样做。事实上，每家银
行都知道，若自己不能满足人们的预期，它们所遭到的惩罚就是立
刻丢掉自家生意。如果在这个市场上取得成功显然是非常有利可图
的事业，而成功却有赖于建立信誉，那么每家银行都将致力于赢得
人们的信赖，让人们相信其有能力也有决心实现其所宣称的目标。
在这样的竞争格局中，仅获取利润的动机本身就能形成比政府所发
货币更佳的货币。①

竞争的效果

在我看来，下列几点是相当确定无疑的：

---

① 除了以其货币结算的钞票和支票存款外，发钞银行显然也会发行小面额硬币。发行
某种方便人们使用的小面额硬币，对于能使自己普遍流行是一个重要因素。人们可
能习惯于使用某种小面额硬币，这将使某种货币在某个地方的零售交易中占据主宰
地位。不同货币间展开的有效竞争有可能仅限于企业间使用哪种货币，而零售交易
使用哪种货币则取决于人们决定使用哪种货币支付工资和薪金。
现有销售业务的基础是普遍使用若干统一的小面额标准单位，比如投币式自动售货
机、交通或通信行业，在此可能出现某些特殊难题，甚至有可能在若干不同货币均
被普遍使用的地方，将会有一套小面额硬币占据主导地位。如果真的出现这种情
况，则大多数互相竞争的货币实际上将保持同样的价值，使用硬币的技术性难题就
可以通过几种方式来解决。一种可能是某机构（比如零售商协会）专门发行统一的
硬币，其市场价格略有波动。本地的商人以及交通与通信行业可以联合起来，以市
场价格通过银行向当地所有自动售货机出售一套代用货币。我们当然也可以期待商
人的创新精神很快解决这一小难题。另一种可能是，用附有电子标识的塑料之类的
代用货币取代目前的硬币，各处现金柜台和投币机器都能识别这种代用货币，其
"签名"将受法律保护，跟任何文件一样，不得伪造。

· 人们只要可以自由使用某种货币，就会对那种被人普遍接受
　且能保持其购买力大致平稳的货币形成持续需求。

· 由于成功地使货币价值保持平稳而始终存在对其的需求，因
　此人们也相信，该发钞银行会竭力使其所发行的货币好过垄
　断者所发行的货币，因为垄断者不需要为其贬低货币价值的
　行动承担风险。

· 发钞银行可以通过调整其钞票发行量实现这一目标。

· 各种货币都根据上述原则调整其发行数量，这是调整用于一切
　可能目的而管制交换媒介的数量的所有可行办法中的最佳方法。

　　显然，若干发行不同货币、彼此竞争的发钞银行之间必然会
展开竞争，以争取扩大其所提供的贷款数量或销售数量。一旦彼
此竞争的发钞银行令人信服地证明，其所提供的货币可以比政府
所发行的货币更好地满足公众需求，人们就会毫无障碍地接受其
所发行的货币而放弃政府的货币——至少是在政府取消使用这些
私人货币的所有障碍的国家会如此。新货币的出现和使用范围的
扩大会降低人们对现有国家货币的需求，因为除非国家货币的发
行数量迅速减少，否则就会导致其货币贬值。正是通过这样的过
程，那些不可靠的货币将逐渐被完全清除掉。政府要想避免自己
的货币被取代，所要做的就是在其完全消失前进行改革，并且要
明白，它自己的货币的发行量也必须根据那些彼此竞争的私人机
构所奉行的同样原则进行调整。不过，这看起来似乎不太可能会
发生，因为要防止其货币不断贬值，就需要对新货币做出正确反
应：迅速收缩自己货币的发行量（而这是不太可能的）。

"一千只猎狗"：警觉的新闻媒体

借助新闻媒体和货币交易所的严密监督，发钞银行间的竞争将变得非常激烈。对于企业来说，使用哪种货币订立合同和开立账户是一项非常重要的决策，因此金融报刊每天都会提供各种各样的信息，发钞银行自己也不得不向公众提供这些信息。事实上，如果哪位银行家没能及时做出反应以确保其所发货币的价值平稳，就会有"一千只猎狗"扑上去撕咬这位不幸的银行家。报刊可能每天都会刊登一张表，这张表不仅会反映各种货币间的兑换率，也会注明每种货币的现有价值，以及其价值偏离其已公开宣布的、用商品衡量的价值标准的水平，这些都有可能被公众用来作为参考。这张表有可能类似于表1（每种钞票后面是发钞银行的大写字母缩写）。

表 1　有可能出现的货币价格偏离的示意表

货币	偏离本行宣布的标准（%）	偏离我们的评估标准（%）
达克特（SGB）	−0.04	−0.04
弗罗林（FNB）	+0.02	+0.03
门格尔（WK）	+0.10	+0.10
皮阿斯特（DBS）	−0.06	−0.12
里亚尔（CNB）	**−1.02**	**−1.01**
谢克尔（ORT）	−0.45	−0.45
塔兰特（ATBC）	+0.26	+0.02

谁也不会比银行家更害怕看到其货币由于价值跌落到刊登该表的报纸所设定的可容忍标准之外，而被特意加粗标注出来。

三个问题

上面对若干私人发钞银行间竞争的粗略描述，实际上已经回答了人们会提出的几个问题，下面的文章将对这些问题予以更详尽的考察。

第一，与其他银行展开竞争，并发行其自成体系的货币的一家银行是否始终能通过控制货币发行量来调整货币价值，从而使其比其他货币对公众更有吸引力，而其他发钞银行又能在多大程度上通过其政策影响该银行呢？

第二，若各家发钞银行都宣布其意图（且证明其有能力）是保持其货币始终维持在自己宣布的价值水平上，那么公众会偏爱哪一种价值（或货币的其他属性）呢？

第三，同样重要的一个问题是，大多数从个人角度出发选择使用的那种货币是否也能实现所有其他目标呢？尽管乍一看，人们会以为肯定如此，但这并不总是必然正确的。可以设想出现如下情况：人们的成功不仅取决于其自身所用货币，也依赖于他人所用货币的效果，而我们可以设想，他们觉得可以从其所用货币中得到的收益完全有可能因为这种货币被普遍使用所导致的紊乱抵消。就目前我们的讨论而言，我不认为这是拒绝我们提出的制度的理由，不过这些问题当然还是有必要予以清楚地阐述的。

在我们深入讨论多种货币的互动关系前，比较适宜的做法是首先要准确地说明我们所说的"货币"或"通货"的含义是什么，货币的不同种类以及彼此间的区别所在。

10

关于货币定义的一些题外话

"货币"通常被定义为**那种**被人们普遍接受的交换媒介，[1] 但在同一个共同体中，为什么只有一种货币被普遍（或广泛）接受，却不得而知。我过去有几年曾生活在奥地利边境，那里的杂货店主和大多数其他商人都很乐意接受德国马克，跟接受奥地利先令

---

[1] 这个定义是 Carl Menger[43] 提出的，大概也是他的著作最终清除掉了中世纪的概念，即货币或者说货币的价值是国家创造的。Vissering[62], p.9 报道说，中国人早期用一个字表达其对货币的认识，此字的字面意思是"流通的商品"（大约指"货"这个字，如《汉书·食货志》："货谓布帛可衣，及金刀龟贝所以分财布利通有无者也。"——译者注）。现在更为人普遍所使用的表述是，货币是流动性最高的资产——Carlile[8] 早在 1901 年就指出，当然，这两者是同一意思。充当某种被人广泛接受的交换媒介，这只是充当货币之物所应具备的功能之一，而一种普遍被人接受的交换媒介一般还需具备记账、价值储藏以及作为延期支付标准等功能。而货币是一种"支付手段"的定义则纯粹是同义反复，因为此概念本身就必定意味着以该货币发生的债务。参见 L. von Mises[45], pp.34 及以后各页。
货币是被人普遍接受的交换媒介的定义，当然不必然意味着，在一国疆域内必定存在某种比所有其他货币更被人普遍接受单一货币。可以存在接受程度相同的几种货币（我们称之为通货可能更为便利），尤其是当其中一种可迅速以公众所知的比率（尽管可能不是可以以固定的比率）兑换成其他货币时。

一样高兴。只有法律才能禁止设立在萨尔茨堡的德国银行（像其在离此不过10里开外的德国境内那样）用德国马克开展其业务。同样，奥地利成百个旅游胜地经常接待来自德国的游客，其中的大部分地方都接受美元，在这些地方，美元就跟德国马克一样受欢迎。我相信，这种现象在美国与加拿大，以及美国与墨西哥两国漫长的边境地区恐怕也一样常见，在其他国家的边境地区也同样如此。

不过，尽管在这些地区，人人都乐于按当时的汇率接受若干种不同的货币，但每个人可能仍使用各不相同的货币来持有（作为清偿准备金），订立未来偿付的合同，或打入自己的账户，而该共同体的每个成员则可能以同样的方式对不同通货的数量变动做出反应。

上面说到几种不同的货币，我们指的是具有不同名称的货币单位，其彼此间的相对价值可能会不断变动。我们必须强调价值不断波动这一事实，因为这并非我们区别各种交换媒介的唯一办法。即使使用同样一套单位（比如元、法郎），其被人乐于接受的程度（或流动性，即使其有成为货币的特质）或被不同群体的人们乐意接受的程度也大相径庭。这也就是说，不同种类的货币之间的区别可能不止一个维度。

货币与非货币并没有清晰的界限

这也意味着，尽管我们通常都认为，作为货币的东西与非货币的东西之间存在一条严格而清晰的界线，法律也一向试图做出这样明晰的区分，然而，我们一旦考虑货币历史的演变过程就会发现，根本不存在这么清晰的区分。我们看到的其实是一种连续，这种连续具有不同程度的流动性，或这种连续是具有不受其他东西价格波动影响的有价值的物品，它发挥货币功能的程度其实是渐次变化的。[1]

长期以来，我发现向学生这样解释是很有效的：我们用一个名词来描述货币，其实是件不幸的事情。如果"货币"（money）一词是个形容词的话，那么它可能更有助于我们理解货币现象，这个词描述的不同东西可能具有不同程度的某种属性。[2]基于这一理由，"通货"（currency）一词可能更为恰当，因为在不同的地区，对不同的人群来说，作为货币的那些东西将会具有程度不等的"流通性"。

虚假的精确性、统计测量和科学的真相

在此，我们遇到一个难题，这个问题在我们试图说明不容易清晰界定的经济生活现象时经常碰到。为了简化我们对非常复杂的相互关系的描述——否则我们就可能无法描述这些关系了——我们刻意做出某些明显的区分，而在实际生活中，对象的不同属性其实是渐次变化的。当我们试图在商品与服务、消费品与资本品、耐用品与消耗品，以及可再生性商品与不可再生性商品、特

① 参见 J. R. Hicks[33]。
② 由于这个理由，Machlup 有时会说"货币性"（moneyness）、"接近货币性"（near-moneyness），参见 Machlup[39]。

种商品与多功能商品、可替代性商品与不可替代性商品间做出明确区分时，我们也面临着同样的困境。所有这些区分都有重要意义，但在我们常见的为了追求虚假的精确性而把这样的分类视为可量化的指标时，这种区分却可能具有误导性。这里涉及简化过程，有时这确实是有必要的，但也总是危险的，这已导致经济学中出现了很多谬误。尽管分门别类有重要意义，但这并不意味着，我们能清晰地、毫不含糊地将这些东西分成两个或更多截然不同的类别。我们经常这样做，我们也许经常必须这样做，仿佛这种区分确有其事；然而，这样的做法却非常容易让人上当，从而让人得出完全错误的结论。[①]

法律虚构与有缺陷的经济学理论

同样，存在着可清晰界定的所谓"货币"的法律虚构（legal fictions），能够使之严格地区分于他物。虽然引入这种法律虚构可以满足律师或法官工作的需要，但一旦涉及货币事件的典型后果时，这种虚构就从来不是真相。当它导致人们出于某种目的、要求只能使用政府所发行的唯一"货币"或只能有一种东西可被称为该国"货币"时，则会带来更大的危害。下面我们将会看到，上述看法

---

① 这种做法在统计学家那里尤其常见，其统计技术要得以发挥，通常得依赖使用这样的分类。经济学中流行的趋势是只接受那些经统计学检验的理论，尽管这样的趋势使我们能得出某些大致接近真理的有用结论，如货币价值的数量理论，但这种做法实在是浪得虚名。本文讨论的设想将使经济理论中大多数量化方程根本派不上用场。为了使某一研究题目更易用数学处理而引入现实世界中根本不存在的严格区分，并不能使其研究更科学，而只能使其更不合乎科学。

也导致人们发展出解释货币单位价值的一种经济学理论，尽管在其简化的假设条件下，此理论会给我们一些有用的近似值，但对于解决我们正在讨论的难题却毫无助益。

重要的是记住下面的一点：不同货币之间的区别可表现在两个可能并非毫无关联的方面，即人们接受它的程度（流动性）和人们对其价值变动的预期（稳定还是易变）。稳定性预期显然会影响某一货币的流动性，但也可能出现这种情况：在短期内的流动性有时比稳定性更重要，或一种更稳定的货币由于某种理由可能会被限定在有限的人群中。

含义与定义

这里或许是个合适的地方，我们可以对此后将要频繁使用的术语的含义做出明确解释。通过以上分析，我们已经清楚地看到，在我们讨论的问题中，说"通货"比说"货币"更为恰当一些，不仅因为前一个词更容易谈论其复数形式，也是因为诚如我们前面已经看到的，"通货"强调某种属性。我们对"通货"一词的定义，也许会与其最初含义略有冲突："通货"不仅包括纸币和其他形式的"当面交易货币"（hand-to-hand money），也包括支票中的银行存款及其他可用以发挥支票大多数功能的各种交换媒介。不过，正如我们在上段中指出的，我们没必要在货币与非货币之间做出非常清晰的区分。读者如果能够始终记住，我们所研究的其实是被人接受程度不等的**一系列**物品，这种程度会在不知不觉中向较低的水平递减至成为那些显然不能充当货币的东西，则会大有裨益。

尽管我们习惯于将发行通货的机构称为"银行"，但这不意味着所有银行都会发行货币。在提到货币间兑换率时，我们将始终使用"兑换率"（rate of exchange）一词，并用"通货交易所"（currency exchange）（类似于股票交易所）指有组织的货币市场。当我们探讨流动性排序中处于边缘程度的情况时，比如旅行支票、信用卡和透支，我们偶尔也会说"货币替代品"，断言其到底是属于流通中的通货还是不属于流通中的通货，这是相当不严谨的。

11

控制一种竞争性货币价值的可能性

竞争性通货发行者需要向客户提供的通货的主要吸引力在于，通货发行者要保证它所发行的通货的价值将保持稳定（或该行将按某种可预期的方式采取行动）。我们将在第 12 章深入探讨公众更青睐哪种通货形态。本章我们将集中探讨，一家与发行同种通货的银行进行竞争的发钞银行是否有能力控制其发行的通货数量，从而决定该通货在市场上的价值。

一种通货的预期价值当然不是促使公众借贷或购买它的唯一考量因素，不过，预期价值是决定公众乐意持有多少种通货的决定性因素。而发钞银行将会很快发现，公众持有其所发通货的欲望是决定其通货价值的根本因素。乍看之下，下面一点似乎显而易见：排他性地发行某种通货的发钞银行，由于可全面控制通货的发行量，因而能决定其价格，只要有人愿意以该价格购买它即可。若发钞银行的目标正如我们假定的那样，是保持价格总水平稳定，即保持其所发通货与某种商品的特定组合的恒定比例，这一比例将通过调整流通中的通货总量来抑制价格总水平上升或下降的趋势。

通过出售或回购通货和（短期）放贷进行控制

发钞银行可以运用两种办法来改变其所发通货的总量：一是以其他通货（或证券及其他商品）为工具出售或回购其所发通货；二是收缩或扩张其放贷活动。为了保留对其已发通货的控制权，总体来说，它将不得不将其信贷仅限于短期合约。这样，只要减少或暂时中止新的信贷活动，仅贷款人陆续偿还以前发放的贷款，就会使其发钞总量迅速减少。

为了确保其所发通货价值保持恒定，发钞银行必须记住一点：永远不要将所发通货的总量增加到某一水平之上，在这个水平上，公众无须增加以其标价的支出——从而推升以其标价的诸商品的价格——就可以持有该通货；发钞银行也决不能将所发通货的总量压缩到某一水平之下，在此水平，公众持有它而不会减少以其标价的支出从而压低商品价格。事实上，那些用于衡量通货是否保持稳定的很多商品，目前主要是用其他竞争性通货来进行交易和报价（如果像我们将在第13章提出的那样，这些商品组合主要由原材料或食品批发价格构成，则尤其如此）。因而，这家发钞银行不得不紧盯自己所发通货的流通量的变动对其他**商品**价格的直接影响，同时更得关注所发通货与那些商品进行交易的**各种通货**的兑换率。尽管探明恰当兑换率的任务（考虑不同通货间具体兑换比率）是复杂的，不过，计算机或许能有助于人们同步进行计算，因而该银行将时刻清楚地知道，应该增加还是减少自己的通货总量，其手段是发放贷款还是回购货币。在通货交易所中出售或回购通货也可以立刻收到短期效果，不过，较长久的效果只能通过改变放贷政策来实现。

*

通货发行政策

也许我应该在此更详尽地阐述发钞银行为保持其通货稳定应该怎样做。该银行做出有关信贷政策的日常决策（及其在通货交易所出售或购买的决策）的基础应该是一台计算机持续计算的结果，当然，还需要将该银行所获得的有关商品价格和兑换率的最新信息不断输入到计算机中。此计算结果的特征可用下面经过简化的表格予以说明（见表2）。在此，我暂不考虑以下问题：是否应考虑将商品从主要市场运至某些集散地的成本问题，或是否应考虑不同运输形式的成本问题。

表2　某通货稳定性示意图

商品	数量	用以报价的通货	用该通货表示的价格	兑换率	用某通货表示的价格
铝	x 吨	美元	·	·	·
牛肉	·	英镑	·	·	·
樟脑	·	达克特	—	—	·
可可	·	·	·	·	·
咖啡	·	·	·	·	·
煤	·	·	·	·	·
焦炭	·	·	·	·	·
铜	·	·	·	·	·
干椰子仁	·	·	·	·	·
玉米	·	达克特	—	—	·
其他	·	·	·	·	·
总计					1 000

关键信息是表 2 中右下角的那个指导性数字，这个数字来自刻意选择的一组一定数量的商品，并使其以"达克特"标价的价格总水平为 1 000，或将 1 000 当作某个指数的基数。这一数字及其当期变动将成为一个信号，告诉该发钞银行的所有高级经理该干什么。若电脑屏幕显示的数字是 1 002，这等于告诉经理，他们得收缩或收紧控制，即用提高贷款成本或更加严格筛选出来的办法限制放贷，从而更大量地出售其他通货；若数字电脑屏幕显示的为997，这等于告诉经理，他们应略微放松和扩张（计算机的数据也会显示在董事长办公室中，让他同步知道其经理们是否敏捷地对这些指令做出了反应）。这种收缩或扩张对各种商品价格的影响主要是间接的，得通过它与这些商品进行交易的那些通货之间的兑换率发挥作用；只有对于那些主要以"达克特"交易的商品价格的影响才是直接的。

这些信号也将显示在通货交易所，如果公众都知道该银行采取了敏捷而有效的措施来矫正那些偏离，则该信号会使交易所助力该行矫正发行量的努力，因为该通货的价值低于正常值（指导性数字为 1 002），人们预期其价值将会上升，此时对其需求会增加；而当人们预期其价值将跌落时，人们对其需求将会减少（因为那个指导性数字为 997）。我们很难明白，持续追求这样的政策，难道不会导致该通货价值围绕着挑选出的商品本位而波动？然而实际上，这些商品的种类最后会限制在很窄的范围内。

**

关键因素：持有通货的需求

然而，不管是直接还是间接地**反映**其他通货的价格，下面一点似乎都是显而易见的：只要一家发钞银行在知道公众是否乐于持有其通货，从而明白使其能否维持其业务的关键将取决于其能否维持其通货价值时，它就会有能力，也不得不通过持续不断地、恰当地调整其通货流通量而保持上述结果。它绝对会牢记在心的关键一点将是，使其通货流通量保持在一个较高的水平，并能不断增长；真正具有决定意义的不是公众借贷的需求，而是公众**持有**这一通货的意愿。因而，当期发行量不够慎重的增加，有可能使流回该银行的通货的增长快于公众持有它的需求的增长。

如上所述，新闻报刊会密切关注每一家发钞银行的活动效果，每天都会报道各种通货偏离其自己设定的标准的情况。从发钞银行的角度来看，允许在任何一个方向出现小幅度且事先宣布了处于可容忍限度或标准内的偏离，是比较可取的。因为如果出现这种情况，只要它能证明自己有能力，也有决心使兑换率（或用其货币所标价的诸商品价格）迅速恢复其基准，投机活动就会帮它的忙，于是自己不必非采取恰当的措施，也同样能确保绝对的币值稳定。

该银行只要能够成功地将其通货价值保持在可取的水平，以下情形就不可能出现：它为实现这一目标而急剧收缩其货币流通量，其结果是使自己陷入拮据状态。过去出现这种结果的原因通常是形成了那种对流动性"现金"的需求增加的环境，银行却不得不减少其已发行的通货总量（仅仅为了使总量适应人们对各种形态的该通货总需求量出现的萎缩局面）。而如果它借出的主要是短期信贷，则贷款正常的偿还过程就可能相当迅速地实现这一结果。只要我们认识到，彼此竞争的所有发钞银行都试图控制其通货，旨在使其价值保持某种意义上的稳定，则整个问题将非常简单且直截了当。

竞争会不会扰乱该体系

但如果一个竞争者承诺其他好处，如降低利率或开具账目信用（book credits），甚至以别家银行所发通货的名义发行钞票（换句话说，发生了见票即付的债务），以图从货币竞争中获益，其结果又会如何呢？面临上述行为的扰乱，该发钞银行还能保持对其所发通货的控制吗？

任何银行当然都始终有一种强烈的冲动，试图通过比其竞争对手更廉价地放贷而扩张其通货流通量。但这些银行立刻就会发现，只要这种新增贷款没有相应增加的储蓄的支持，这种企图必定会事与愿违，并最终伤害自己（由于过量发行）。毫无疑问，人们当然都会非常积极地去**借贷**利率较低的通货，但他们恐怕都不愿看到**自己**持有的流动性资产中的很大一部分正属于发行量已增加的通货，而他们很快就能从各种报道和市场迹象中知道这一点。

确定无疑的是，只要各种通货是近乎随时能以已知的比率相互兑换的，则以其标价的诸商品的相对价格也会保持不变。即使在商品市场上，这些商品的价格（或在需求中有很高的比例是以发行量增加的通货来标价的地区，用所有通货标价的价格）相对于其他商品的价格会趋于上涨。不过，具有决定性意义的事件将发生在通货交易所中。在现行兑换率水平下，发行量新增的通货在人们所持有的各种通货中的所占比例会比正常情况有所增加。毕竟，每个借到了通货而将以较高利率还款的人，都会努力去借到廉价的钱以获得通货，从而能够偿还利率较高的贷款。没有降低其贷款利率的银行的所有贷款，都会返回那家低息银行，它将更廉价地贷出其所收到的所有由它自己所发行的通货。结果必然是在通货交易所显示的那种超发通货的过量发行，这很快会导致该通货与其他通货的兑换比率下降。正是这一新的兑换率水平，将使通常以其他通货标价的商品价格立刻被转换成以这种攻击性通货（offending currency）来标价；而过量发行的结果是，通常以其标价的价格会立刻上涨。市场报价下降和商品价格上涨会立刻诱导那些通常持有该通货的人将手中的钱兑换成其他通货。由此而导致的对这种通货需求的下降造成的收益减少，在较短时间内，用其低息放贷所获收益来弥补，可能还绰绰有余。但如果这家发钞银行实行低息放贷政策，可能会引发一场广泛的逃离该通货的行为，而持续低息放贷则意味着越来越多的这种货币被注入通货交易所。我们可以有把握地得出结论：一家发钞银行是不可能通过过量发行而击败其他通货的——若其他通货的发钞银行时刻准备在必要时临时减少其发行量以回击这种企图，这种做法就更不可能成功了。

寄生性通货会妨碍对通货价值的控制吗

一个更艰涩且答案也许不那么清晰的问题是，那种似乎会不可避免地出现的可被称为寄生性通货（parasitic currencies）的东西，能在多大程度上扰乱发钞银行对其自己所发通货的控制力呢？所谓寄生性通货是指发钞银行通过其他银行建立宝塔型发放信贷结构，这些银行可用原发行者使用的那种通货的名号开立支票账户，甚至可能发行该钞票。只要这种寄生性钞票清楚地标明是必须用原发钞银行所发通货来支付的债务，就看不出如何才能或是否应由法律阻止这种现象。

显然，并不是所有银行都愿意发行或能够发行自己的通货的。那些没有发行自己通货的银行没有别的选择，只能接受以其他银行的通货标价的存款和授信，且倾向于接受那种表现最好的通货。而原发钞银行也可能根本不会阻止别的银行这样做，尽管它可能不喜欢其发钞量大于以其通货标价的支票账户正常运转所需的量。当然，一家二级发钞银行发行的钞票必须标明，这些钞票不是拥有"达克特"商标的那家发钞银行发行的原行钞票，它只是获得"达克特"的凭证，否则它们就完全属于假钞。但我看不出，对品牌或商标的正常法律保护程序，如何能够阻止其他银行发行以钞票形式体现的这种债权凭证，通过法律禁止这一点是否可取也充满疑问。我们看到，这样的钞票与支票存款在本质上是相同的，即使是发钞银行也不太情愿阻止这种做法。

通货的原发行者不是重复政府处于垄断地从头再来时所犯的错误——对二级或寄生性银行发行的钞票的控制权逐渐流失。原发钞银行必须让公众清楚地知道，它不会通过动用"现金"（即它发行的钞票）回购二级发钞银行的债务而拯救这些银行。我们后面（第16章）将会看到，政府是如何走入这一陷阱，并使其对货币发行的垄断权以某种最不可取的方式遭到削弱的。它们承担着控制这些标准通货总量的责任，但始终面临着来自其他银行要求发行廉价货币的压力，因为其他银行要快速扩张，而原发钞银行担保其所发行的通货的流动性，就帮了它们的忙。但到最后，将没有人对货币总量拥有完整的控制权。

在我看来，这是对我们方案所能提出的最严重的质疑，对这个问题的答复是，尽管私人发钞银行将不得不容忍打着同样名号的寄生性存款或钞票在市面流通，但它们也不应纵容这种现象的发生，而应遏制这种现象的发生。办法是，事先告知天下，它们不会提供回购这些寄生性钞票所需的钞票，除非是针对"硬现金"，即除非是用其他一样可靠的通货来购买。严格坚持这一原则，它们就能迫使二级发钞银行以非常接近于"100%准备金银行业务"（100 percent banking）的原则开展业务。由于这些通货始终只是信用有限的寄生性钞票，因此要想让其继续在市场上流通，就必须奉行某种政策，能使人们确信其价值永远不会出问题。这一政策可能会限制其通货的流通，因而会限制原发钞银行的利润，不过，这样也就不至于严重束缚其保持本行通货价值平稳的能力了。

*

为了实现这一点，拥有商标的这家通货的原发钞银行必须预见到这样的寄生性通货（或任何保持其价值等于该通货本身之流通性的权益凭证）发行过量的后果，远在预期贬值发生之前就无情地拒绝以平价购买它，而以其他通货标价的一些商品价格的上涨就能显示这种贬值迹象。因此，发钞银行处理其他银行发行的货币不可能是纯粹机械的事务（以不变的价格买进、卖出），而应受已观察到的其他通货的变动的购买力指导。这样的话，银行也不会以与高于一篮子商品为本位的当下购买力相对应的兑换率而买进其他通货；相反，想要维护本行通货的短期稳定，它要有效做出深入而准确的判断，其开展的业务必须参考一些能预示其他通货价值未来变动的指标。

**

12

公众将选择哪类货币

由于我的主要论旨是，公众会从若干彼此竞争的私人发行通货中挑选某种比政府提供的更好的货币，因而我需要探讨一下公众挑选通货的过程和标准。

关于这个问题，我们几乎没有什么经验性知识，如果去询问民众（比如通过民意测验），恐怕并没有什么帮助。由于公众从未有过这种经验，所以大多数人也不会对如何挑选有何想法或形成某种看法。我们一般只能根据我们对人们获取货币的目的及其在类似情景下可能的行为模式的了解，推测个人决策可能呈现出的特征。毕竟，这也是大多数经济理论赖以提出并得出结论的研究方法，而后来的结论往往能证实那些结论。我们当然不必假定公众到了新情景中会立刻依照理性行事。不过，即使不靠洞察力，他们也很快会通过经验学习，并模仿最成功的行为，因为这最能增进其利益。[①] 在本文所考察的这类重大变革情形中，当时可能会

[①]　参见 Carl Menger[43], p.261："使人们对自身经济利益认识得更准确的途径，莫过于观察他人是如何利用正确的方法与手段实现自己的目的和取得成功的。"

暂时产生很大的不确定性和困惑。但我认为，我们没有理由对下面一点表示太多的怀疑：人们会很快发现理性思考所能告诉他们的一切。这种过程在现实中进展的快慢可能会因国家而异。①

货币的四种用途

影响人们从若干种货币中做出选择的主要因素是货币的四种用途：第一种，用以购买商品和服务；第二种，持有作为满足未来之需的储备；第三种，用于合同规定的延迟支付；第四种，作为会计单位（尤其是在记账时）。把这些用途视为货币"功能"的做法很普遍，实际上却不恰当。事实上，这些用途只是货币作为交换媒介的基本功能的延伸而已，只有在某些情况下，比如在交换媒介大幅贬值时，这些功能才会与其基本功能分离。从下面的角度来看，这些用途也是互相依赖的：尽管货币的不同属性对其不同用途而言似乎都是可欲的，然而货币在发挥一种功能，即作为一种会计单位时，保持价值稳定才是最可欲的。尽管在人们日常购物活动中，是否便利可能被认为是人们选择某种通货的决定性因素，但我相信，事实将证明，作为一种会计单位，稳定性才是主宰一切的。

·**现金购物** 对于占人口大多数、靠领取工资和薪金的人来说，最重要的事可能是其在日常购物时，是不是能用手里的通货付款；

---

① 我们不能完全忽视以下可能：商人根据过去的经验，尤其是过去50多年的经验而采取的做法和形成的预期，已充分适应了价格持续上涨的趋势，因此当其认识到平均价格在未来有可能保持稳定后，最初反而会有不利效应。这种经验有可能使一些商人更喜欢以某种缓慢贬值的通货进行交易和开户。不过，我相信，最终那些选择稳定通货的人将取得更大的成功。

他们也在到处寻找价签，看看是不是在用其手里的通货标价。另外，店主只要知道自己能随时按已知兑换率兑换各种通货，就会非常乐意接受任何一种通货，只要价格定得恰当即可。电子现金收款台可能会迅速得到发展，它不仅能同时显示以顾客所喜欢的任何货币标价的同一商品价格，也会通过计算机与银行连接，使商家能立刻将顾客的付款进行折算，以该商家所选择的通货记入自己的账户（每天晚上会汇集现金结算表）。而商家也会发现，本地同时流通两三种货币并无不便之处，只要用比较醒目的方式在价签上标出不同通货的价格即可，比如每种通货用不同颜色。这样一来，顾客也可以方便地比较同一商品在不同商店以不同通货标价的价格了。

·持有作为满足未来之需的储备　靠领取工资和薪金生活的人除了以其工资收入用于日常开销外，最关心的可能是币值的稳定性。尽管在抵押贷款和分期付款时，其会从通货贬值中得到一定好处，但其工资或薪金合同却会使他更喜欢趋于升值的货币。

所有现金持有人——其实等于所有人——都喜欢趋于升值的通货。正是由于这一原因，社会对这种具有升值潜力的通货的需求是很强烈的。但显然，这对于以此通货借钱的人来说绝不是好事；而对于发钞银行来说，把价值保持在其通货实际价值之上也没有好处。因此，我们可以设想，这种趋于升值的通货发行数量可能会很有限（以便用于特殊用途），这样的通货似乎不太可能被广泛使用。人们可能会持有的货币将主要是预期可用来偿还债务的货币。

·作为延迟支付的标准　关于货币的第三种用途，即作为延迟支付的标准，合同各方首要关注的当然正好与上面相反：贷方喜欢趋于升值的通货，而借方喜欢趋于贬值的通货。但每一方的构成其实都非常复杂：债权人方面除包括所有资本所有者之外，还包括所有领取工资、薪水的人；而债务人方面则包括企业、农场主和银行。因而，市场力量似乎不太可能导致出现一边倒的情形。而且，尽管在短期内，各方都会从其借入或贷出的通货价值变动中受损或受益，但他们可能很快就会发现，这些损失或收益只是暂时的，随时会消失，因为利率自身会调整以适应可能的价格变动趋势。

·可靠的会计单位　在我看来，将使人们普遍选择一种价值保持稳定的货币的决定性因素是，唯有这样的通货才能使人进行合乎实际的经济计算，从而就长期而言，人们会从若干种货币中成功选择有益于生产和交易的通货。尤其是，只有当会计单位的价值大致保持平稳时，会计的主要任务才有可能完成，此任务可以确保企业资本存量不会被吞没，只是表现为利润的真正净收益才由股东分配。

如果要解释为什么只有在货币价值保持稳定的情况下才能进行成功的经济计算，那么就会引出一个问题：所谓"货币价值"的确切含义到底是什么？货币保持稳定体现在哪些方面？这些问题只能留待第13章再来讨论。至于此处，以下经验事实就能说明问题：只有当会计账目的单位在某种意义上保持还过得去的稳定性时，有效的资本保值和成本控制才有可能实现。因此，我们可就这一讨论暂做结论：至少从长期来看，在若干通货中被人们有效选择出来的一般都是有竞争力的通货。能在竞争中脱颖而出的通货，都是取得成功的人所喜欢的通货，也是他人模仿使用的通货。

13

货币的何种价值

从科学的意义上严格来说，并不存在货币价值十分平稳的事——当然，也不存在别的十全十美的事。价值是一种关系，是一种等价比率，或用杰文斯的话说，价值是"间接表达一种比例的模式"。[1] 价值只能这样表示：我们对一定数量的一种东西的估价与"等价"的一定数量的其他东西相同。这两种东西互相表示的相对价值可以保持平稳，除非我们能具体指出相对的那个东西；否则，"某个东西的价值保持不变"这个命题就没有明确的意义了。

我们会习惯性地、不严谨地说："啤酒比食用甜菜的价值更稳定一些。"这是我们能想出的具有一定意义的最佳例子，此时我们的意思是说，啤酒与其他各种商品的相对价值或者说在较长时期内的价值或交换比率与食用甜菜相比更平稳一些。而对于一般商品或服

---

① 参见 W. S. Jevons[34], p.11。也请参见上引书 p.68："价值无非表示两种商品交换的不断变化的比率而已，因而我们没有任何理由说，在两天内做的事情有同样价值。"

务来说，我们最关心的通常是其与货币的关系。当我们用"价值"一词说到货币本身和货币价值比较平稳时，我们的意思是，大多数商品的价格在短时间内不会总在同一方向变化或变化很小。

货币的稳定价值

但有些商品的价格在自由市场上一直是在变化着的。我们有时会觉得，尽管很多东西的价格已经发生了变化，但货币价值却大致保持平稳。然而有的时候，即使只有少数重要商品的价格在同一方向发生变化，货币价格也会出现显著上升或下降。那么，在各种物品价格不断变动的世界中，货币的稳定价值是什么意思呢？

大致来说，下面一点当然是相当明显的：如果一定数量的货币能买进的大多数品种的商品数量在减少，而只有少数商品可买进的数量在增加，那么该货币的总购买力就在下降。因而，如果买进数量的增加部分与减少部分大体平衡，那么我们也可以合情合理地说，货币对商品的支配力基本保持平稳。不过，就我们的研究而言，我们当然还需要对"货币的稳定价值"给出更精确的定义，对于我们有望从此货币得到的好处，也应给予更准确的说明。

失误互相抵消

我们已看到，货币价值的变动会通过其对延迟支付的合同和货币单位作为经济计算和记账基础的用途发挥影响而产生严重的扰乱。如果这两者受到扰乱，个人就不得不就如何应对以下无法回避的事实做出决策：对于个人而言，多数物品价格在未来的波动是无法预期的（因为价格是他无法了解的大多数事件的一个信号）。由此导致的风险，只有借助对未来价格变动的预期进行估计，才能得到最大程度的控制，而且这种预期的变动应与当前价格波动的方向一致，且按一定百分比波动。只有当这个百分比是零时，人们才能正确估计未来价格变动的中位数，从而与大量价格相当僵化或迟缓的情况（主要是公用事业价格，但也包括大多数品牌商品价格、邮购公司出售的商品等类似方式的价格）的可能行为一致。

　　我们可以用两张图说明这种情形。如果对货币价值的调控能使各种商品的平均价格在某一水平保持稳定，则人们在安排自己未来的一切活动时必须考虑的未来价格波动的可能情况，体现在图 1（a）中。尽管在这种情况下，个别商品的未来价格是不可预

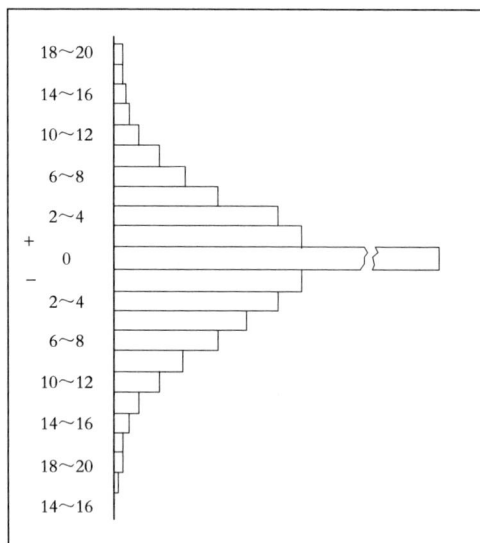

（a）稳定的价格　　　　　　　　　　单位：%

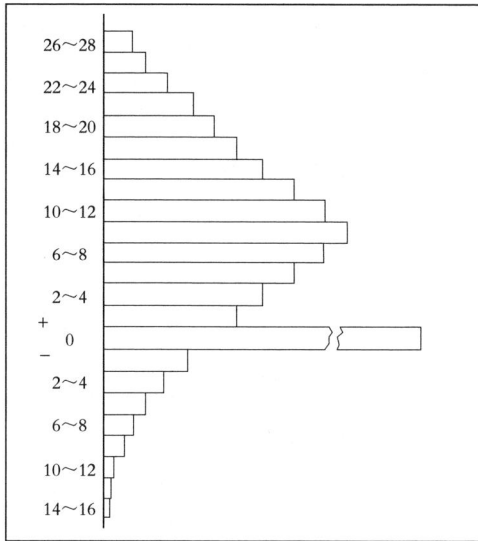

（b）价格上涨　　　　　　　　　　单位：%

图1　（相较于以前）按所标百分比发生了价格变动的各种销售商品的价格总水平

期的——这是市场经济运转过程中无法避免的——但在相当长的一段时间中，对于整个社会的人来说，不可预见的价格波动的影响将刚好能够互相抵消。这样的波动至少不会导致人们的预期都出现同一失误；相反，总体来说，人们能够根据价格波动的连续性（即使没有更充分信息）做出相当成功的估计。

在单个商品价格紊乱的波动导致所有商品价格总水平上涨时，则可能会出现图1（b）所显示的情形。

由于单个企业无法像预计单个商品价格那样正确地预计全部商品价格波动的中位数，所以也无法将其经济计算和决策建立在某个已知的中位数的基础上，因为单个商品的价格既可能上涨也可能下跌。于是，成功的经济计算，或者说有效的资本和成本会计就成为不可能的了。人们越来越渴望出现一种其价值与总的价格变动趋势更紧密地保持一致的记账单位，这种迫切的愿望有时甚至会驱使人们将某种不能充当交换媒介的东西当作记账单位。①

选择的标准

我们一定不能把货币数量的变化可能会导致的这些价格波动的分布向连续统一的一侧单向移动，以及由此导致的预测、计算和记账时的困难，与相对价格结构的临时性变化混为一谈，尽管后者也同样会导致生产被扭曲。我们在后面（第 17 章）不得不考察保持币值稳定如何能够有效防范生产的这种扭曲，而这种扭曲随后必然使经济增长过程逆转，导致大量投资出现亏损和长期失业。我们将论证，这是稳定通货的主要好处之一。不过，我们

---

① 不管我们是将货币还是某种商品作为衡量价格的尺度，标出受到一段时间内价格相对于上段时期的上涨或下跌影响的商品的百分比的表示价格波动离散度的曲线，假如是根据对数的数值画出，其形态就是相同的。如果我们使用某种比其他商品价格下跌得更多的商品作为标准，则所有的价格变动不仅都会被标示为上涨，而且不管使用哪种尺度，与将其他商品作为尺度相比，相对价格上涨的比例都是一样的，比如都有 50%的商品的价格出现上涨。我们或许可以得到一条正常出错（高斯式）的曲线——因为我们预计，在任何一个方向对模型的偏离，都刚好彼此相互抵消，并随着偏离幅度增加，偏离的数量趋于减少（大多数价格的变动，都是由某些商品价格下跌或某些商品价格上涨而导致需求的变动引起的，这类相对较小的变化比大的变化发生得更频繁一些）。用具有这个意义上的稳定币值的某种货币来衡量，该模型中所表示的商品的价格保持不变，以按照某一确定的百分比而涨跌的价格进行交易的各自的数量，正好互相扯平。这会使失误最小化，当然未必是指具体的个人，而是指总体上。尽管没有可行的指数可以完全达到我们所设想的目的，但具有近似效果的办法应该是可以找到的。

恐怕很难断言货币的使用者会基于这一理由选择一种具有稳定币值的通货。这是他们不太可能认识到的效果，也是他们个人就使用何种货币问题做出决策的过程中不太可能考虑到的——尽管某地区企业使用某种币值稳定的通货会使其一直保持顺畅运转，这个事实可能会吸引其他地区的人也使用那种通货。个人也不可能靠自己使用某种币值稳定的货币而保护自己不受上述恶果的影响，因为各种商品相对价格的结构用并行的若干种通货来衡量，其实是一样的。因而，只要稳定的通货与不断波动的通货在相当大的程度上同时流通，则那些紊乱就是无法避免的。

因而，人们为什么倾向选择一种用商品衡量保持币值稳定的货币呢？其理由应该是，由于币值稳定能使不同方向上的失误在总体上相互抵消，从而有助于人们将价格波动的不可避免的不确定性影响最小化。而如果单个商品价格组合偏离的中位数不是零而是某个未知的量，则不会出现这种抵消效应。即使我们同意，人们会乐于使用的那种稳定货币是一种能使人们预计到关于其主要利益的商品的单个价格——以此货币来标价的价格——上涨的可能性与下跌的可能性一样大的通货，但这也仍然不能告诉我们，大多数人希望看到保持稳定的是哪个价格水平。不同的人或不同的企业显然会在不同商品的价格上获得利益，不同商品组合的价格总水平当然会沿不同的方向变动。

记账的效用是决定性的

乍看之下，人们可能又会倾向于考虑用零售价格或生活成本来衡量货币，甚至大多数个体消费者会偏爱某种以这些标准来衡量的比较稳定的货币，但一种更全面的考虑却使我们似乎不应该根据上述指标调整货币以使其具有吸引力。生活成本因地而异，而且也会由于不同的经济增长幅度不断变化。企业当然会偏爱那种被广大地区接受的货币。对于每家企业的经济计算和会计——因而也是对于资源利用的效率来说（这依赖于价格的总体稳定，而不取决于企业对个别市场的专业化知识），最重要的一点是广泛交易的那些产品，如原材料、农业部门出产的粮食及某种标准化的工业半制成品的价格。这些产品的价格还有一个优势：它们是在定时营业的市场上交易的，它们的价格会被及时地报道（至少是原材料，其价格尤其敏感），因而就使人们有可能据此预计价格总水平波动的趋势（这种趋势经常会在这些商品中最早显示出来）。

*

事实上，直接以保持原材料价格稳定为目标而调控货币的发行量，对消费品价格保持稳定的效果极有可能比直接以后者为目标调控货币量的效果好。经验已经证明，在货币的发行量变化与消费品价格水平的波动之间存在着相当大的滞后期。事实上，这可能意味着，如果货币发行量的调整被迫推迟，直到发行量的过剩或短缺在消费品价格波动中表现出来时才进行调整，就不可避免地会出现非常严重的价格波动。另外，就原材料来说，由于这种滞后时间要短得多，因此那些提前发出的预警应该能使人们更及时地采取预防性措施。

**

靠工资和薪金生活的人可能也会发现，以原材料平均价格或类似指标进行集体谈判也较为有利，因为这将使收入固定的人群能自动享受增长的工业生产率的好处（发展中国家也会青睐能使原材料购买力的增长速度超过工业品购买力增长速度的国际性通货——尽管它们仍有可能利用这种机会继续维持单个原材料价格的稳定）。我希望，不管怎样，这是主流的选择，因为用原材料价格衡量保持稳定的通货也许是最有希望成功的办法，借此，我们有望得到某种有利于各种经济活动保持稳定的货币。

商品批发价作为跨国货币价值的标准

我的预期是，至少在超过某种民族国家疆域的更大地区范围内，人们会普遍同意以某组商品的批发价格作为他们致力于使其保持稳定的通货的本位。若干银行正是据此调整自己的通货并使其广泛流通的。它们发行的具有不同名称的通货保持着大体稳定的兑换率，它们会不断地尝试，并调整那个"一篮子"商品的组成，它们努力地使以自己的通货衡量的这些商品的价格保持稳定。[①]而这种做法并不会导致流通在该区域内的各种主要通货的相对价值出现大幅度波动。在流通着多种通货的各个地区间，当然会有某些通货彼此重合，这些通货的价值主要基于这些商品对于某种生活方式或某些最重要的产业部门的重要性来确定，因而它会因为地区不同而出现相对而言更大的变化，但仍将在那些具有同一职业和习俗的人群中拥有其自成体系的客户。

---

① 事实上，竞争可能迫使其不断地改进技术，最大限度地保持币值稳定，甚至达到远远超出实际需要的稳定性水平。

14

货币数量论对于
我们讨论的情形没有用处

货币理论一般假定，只有一种货币，即**正式**的货币。在完整意义上的货币与仅作为货币替代品的东西之间存在很大的区别。而在我们的讨论中，这种区别却不存在。因而，那种被称为货币价值的数量理论的东西也就不适用于我们的讨论了，即使是与其大致相近的理论也不适用，这种货币理论对货币价值的解释从理论上说更令人满意，也是数量论中最令人满意的一种。①

数量论的前提条件当然是，在某给定区域内，只存在一种货币，其数量是可以通过计算其同质（或近似同质）单位而掌握的。但如果在一区域中流通不同的通货，其相对价值也不恒定，流通总量就只能根据通货的相对价值计算，离开了后者，总量就没有意义了。这种只适用特定情形下的理论存在严重的缺陷，即使在

---

① 诚如我在 45 年前所写的，我现在依然要坚持："……从现实政策角度来看，如果公众再一次不相信数量理论的基本命题，则这将是降临到我们头上的最糟糕的事。"参见 Hayek [24]。

很长的一段时期内这都只是凑巧出现的。尽管我们倾向于将那种情形视为理所当然，然而在一给定区域内只能有一种货币，却绝非货币的本质所在，这只是由于政府禁止使用其他货币才会使这种情形变为常态的。即便在此情形中，数量论也不总是完全正确的，因为不同形态的货币和流动性各异的货币替代品的需求量总是大相径庭。而如果我们假定，通货发行者不断地为争取每一位用户使用其所发通货而进行竞争，那我们就无法假定公众对货币存在相当稳定的需求，即流通中货币的总价值趋于大致保持恒定（或者说会随人口规模、国民生产总值等指标发生可预期的变动）；相反，货币数量论对单一货币情形下则可以做出这样的假定，尽管会有所限定。

现金平衡法

为了解决**本文**所讨论的问题，我们需要一种可以更普遍应用的工具。幸运的是，有一种现成的理论，即使对探讨那种更单纯的情形也更令人满意，这就是源于卡尔·门格尔、列昂·瓦尔拉斯和阿尔弗雷德·马歇尔的现金平衡法（the cash balance approach）。这种理论不仅能使我们解释"货币数量"的变化对**"那个"**价格总水平的终极影响，也能使我们理解不同种类的货币的发行量的变化会逐次影响不同价格的过程。它能让我们进行一种分析，这种分析显然不具有数量论那样的伪精确性，但却有更宽广的视野，能使我们将个人对不同货币的偏好考虑进去。

我们必须谨记，就我们的研究而言，最重要的一点是，在多元通货体系中，并没有货币需求总量之类的玩意儿。对于不同的通货会有不同的需求量，但由于这些不同的通货不能完全相互替代，所以这些不同的需求量不能加总为一个总量。我们相信，市场对趋于贬值的通货可能只有很小的需求量（但供应量很大），而对于保持稳定的通货的需求量与供应量则会相等，至于趋于升值的通货，则需求量很大（但供应量较小）。尽管只要存在货币的自由市场，人们就会时刻准备**卖出**（以某个价格）手中的货币而买进其他货币，但他们却不会准备永远**持有**一种货币（可买进的替代性货币的特征将影响对某一具体货币的需求量）。因而，并不存在一个可以被认为对货币价值有决定性影响的单个货币数量。

流通速率

有人可能坚持认为，根据现金平衡的需求进行的分析与货币数量分析对流通速率概念的使用，在形式上是等价的。其实，两者的区别是至关重要的。现金平衡法会使人们关注最重要的决定因素，即个人持有货币量的欲望。流通速率是指由此而导致的统计数量，而经验可能显示，该数量在相当长的时期都保持了相当的稳定性，据此，我们认为这是一个有用的数据——因而它为我们声称"某"货币数量与"某"价格水平之间存在着单纯联系的说法提供了某种证明；然而，这个量常常是误导性的，因为它使人太过轻易地相信以下错误信念：货币变化只影响价格总水平。主要就是由于这一信念，这种变化常被认为是有害的，仿佛它们在**同时**以**同样的**百分比提高或降低了所有价格。然而，它们之所以会造成真正的危害，是因为它们对不同价格会有**不同的**影响，而价格的这种波动是陆续进行的，波动的先后次序非常杂乱，其波动程度也大相径庭，结果，相对价格的总体结构会被打乱，从而导致生产活动走向错误的方向。

不幸的是，凯恩斯爵士却从未采纳马歇尔发展的剑桥学派对货币理论的这一最重要贡献。尽管凯恩斯也批评马歇尔所说的当代货币理论趋势——在此理论的论证中，仿佛所有价格都在同时发生变化，他却几乎完全是在欧文·费雪提出的数量论中打转（或反其道而行之）。这是凯恩斯主义浪潮对理解经济过程造成的最严重损害之一，我们基本上丧失了对决定货币价值及货币事件影响具体商品价格的诸多因素的把握。在此，我无法详尽重述货币理论中这一核心的章节，只能退而求其次，推荐那些不幸地在完全由凯恩斯主义观点统治的机构中学习货币理论而仍有志于理解货币价值理论的经济学家们，首先深入研究 A. W. 马盖特的两卷本《价格理论》（A. W. Marget, *Theory of Prices*[42]）来填补空白，然后浏览一下接下来 25 年的大多数文献，再仔细研读阿克塞尔·利琼胡弗德教授的新书（Axel Leijonhufvud[37]）①，这本书将会指引他们熟悉自己不应遗漏的那个时期的研究成果。

*

评"货币主义"

自从"凯恩斯主义"教条的霸权地位开始遭到挑战以来，

---

① 对教授这本书的简短导读是其本人所写，*Keynes and the Classics*，Occasional Paper 30, IEA, 1969（7th Impression, 1981）。——原编者注

只要有人否定凯恩斯如下的理论："通货膨胀或通货紧缩现象通常源于或必然伴随着货币数量及其流通速率的变动，"人们通常就不分青红皂白地将其视为"货币主义者"。[①]这种"货币主义"理论其实是凯恩斯之前大多数经济学家的观点（只有极少数持异议的学者和一些怪人除外），尤其是欧洲大陆经济学家，他们几乎都持此观点，正是他们的政策建议要对 20 世纪 20 年代的"大通胀"承担责任。我尤其同意这些"货币主义者"对目前通货膨胀典型特征的看法，他们相信，所有的通货膨胀都是今人所谓"需求推动"的通货膨胀，只要我们考虑一下经济活动的机制，就不存在"成本推动"的通货膨胀，除非你把增加货币数量（以应对工资上涨，否则就会出现失业）的政治决策视为经济原因的一部分。[②]

　　我与大多数"货币主义者"，尤其是与此学派的代表人物米尔

---

① 参见 R. F. Harrod[23a], p.513。

② 但从另一意义上，我是超脱于"凯恩斯——货币主义"争论之外的：这两者对此问题都采取了一种宏观的研究方法，而我相信货币理论既不必也不该应用此研究方法（即使货币理论不可能完全摆脱这样一种从本质上属于宏观范畴的概念）。宏观经济学和微观经济学是研究以下难题的两种不同方法：在研究诸如市场之类高度复杂的现象时，我们永远不可能获得我们做出完整解释所必需的一切真实信息。宏观经济学试图克服这一困难的办法是大讲通过统计方法可求得的总量或平均数。这能向我们提供某种有益的大体接近事实的解释，但作为对因果关系的理论解释，它不能让人满意，甚至有时是误导性的，因为我们没有理由相信，通过经验观察到的关联会一直那样发生。我更青睐的是微观经济学，它依靠模型建构方法，通过"缩小规模"，使我们应付由于我们对全部相关事实不可避免的无知所带来的难题，其做法是将独立变量的数量减少到最低限度，据此形成一个结构，它能揭示市场体系可能出现的所有类型的变动或变化。我曾在 Hayek[30] 中充分阐述过这种技术，它只能让我们得到我们所说的"模式"预测，而不能得到对于具体事件的精确预测，宏观经济学却声称它可以得出如此预测，我认为这种说法是不对的。

顿·弗里德曼教授的区别在于，我认为，单靠货币数量理论，即使是在某一区域内仅流通一种货币的情形下，也不足以做出大致接近于事实真相的解释，而在几种不同货币在该地区同时流通时，据此做出的解释更是毫无价值。尽管这个理论的缺陷只有在本书所考察的几种货币同时流通的地方才会导致比较严重的问题，但据其关于何为货币的理论（货币替代品不能算作货币）实际上一直损害着其结论的严格有效性。

在我看来，货币主义理论在所有情形下都会面临的主要缺陷是，它突出强调的是货币数量变动对价格总水平的影响，因而使人们过分地关注通货膨胀和通货紧缩对债权—债务关系的有害影响，却忽略了向流通中注入和撤出货币的数量对相对价格结构所产生的更重要的、危害也更大的影响，因为后者会扭曲资源配置，尤其是导致投资向错误的方向配置。

在此，我们无法充分讨论货币主义理论的细微处，该学派内部在这些问题上也存在相当显著的分歧，尽管这些分歧对评估其目前提出的政策建议的效果也有重要价值。我之所以反对纯粹货币数量论中的精确性，根本原因在于，即使在一国境内只流通一种单一的货币，严格说来也不存在货币**总量**之类的东西；而任何试图为使用同一种货币单位表示的某类交换媒介划定边界的努力——仿佛它们是同质的或完全可以互换的，即使是对于一般情形的研究，也是误导性的。当我们考虑不同通货同时流通的情形时，这一反驳理由当然更加具有至关重要的意义。

稳定的价格和稳定的高就业水平，并不需要或不允许将货币总量维持不变或按某一固定比例调整。相反，它们对货币总量提出的要求与此完全不同，也就是说，应当调整货币数量（或者不如说是所有流动性资产的总价值），从而使人们不会为了调整自己的均衡，以适应其已改变的流动性偏好而减少或增加其支出。保持货币数量不变并不能确保货币流（money stream）也保持不变，而为了使货币流的存量能以一种可欲的方式变动，货币发行量就必须具有足够的弹性。

货币管理的目标不能是事先确定的某个特定的流通量，即使在一国境内只有一个垄断发钞者时也不能如此，在竞争性发钞制度下更不能这样。相反，货币管理的目标只能是尝试多大的流通量能使价格保持稳定。任何管理当局都不能事先掌握这种"最优货币量"，只有市场才能发现。只有通过以某固定价格买卖我们希望保持其价格总水平稳定的那组商品，才能找到这一最优货币量。

弗里德曼教授提出的建议是，由法律对某垄断性发钞者规定一增发速度，它只能按此速度增加流通中的货币量。对此，我只能说，在这样的制度下，大家都知道会出现什么样的情况：流通中的现金总量已接近上限，因而增加流动性的诉求将根本无法得到满足。我可不希望看到这种局面。①

---

① 对于这种局面，沃尔特·白芝浩曾有过经典描述，参见 Walter Bagehot [3]，倒数第二段："在英国货币市场处于某种敏感状态时，由法律规定储备额度的方法必将导致恐慌情绪。如果法律规定是三分之一，那么在银行接近三分之一时，就会出现恐慌情绪，并且这种情绪会像着了魔一样蔓延。"

为什么指数化不能取代稳定的通货

人们通常突出强调的是通货膨胀带来的会被人普遍认识到的、也会被感受到的最令人痛苦的危害，即其对债权—债务关系，尤其是对赚取固定收入者的影响，正是这个认识使人提出如下建议：可以规定，根据"物价指数本位制"（tabular standard）安排债务，以减轻这些冲击，即名义债务额将按价格指数的变动而同步调整。当然，我们承认这种做法能减轻通货膨胀导致的最显著的不公平，也能消除通货膨胀带来的不幸。然而，这些后果远非通货膨胀所能带来的最严重的损害，以此不完整疗法治疗一部分症状，很可能弱化人们对通货膨胀的反感，从而拖长通货膨胀存在的时间，进而推动通货膨胀加速。从长期来看，这种做法会在相当大的程度上放大通货膨胀所导致的损害，尤其是加剧通货膨胀导致的失业可能给人们带来的痛苦。

每个人当然都知道，通货膨胀并非会在同一时间影响所有商品和服务的价格，而只能使不同商品的价格陆续上涨，因而通货膨胀会改变各种商品价格间的关系（尽管关于**平均**价格变动的统计数据能掩盖这种相对价格结构的变动）。通货膨胀对相对收入的影响只是价格结构发生紊乱的一种后果而已（尽管在那些肤浅的观察家看来，这是一种最触目惊心的后果）。从长远来看，通货膨胀对经济正常运转构成的更严重的且最终可能导致自由市场体系无法正常运转的危害则在于，价格结构被扰乱，从而引导资源投向错误方向，驱使劳动力和其他生产要素（尤其是资本投资）投入某些项目——只有在通货膨胀继续加速的条件下，这些项目才有利可图。正是这种效应导致严重的失业浪潮，[①] 但那些运用宏观经济方法的经济学家们却经常忽视或低估了这种效应。

通货膨胀导致的这种最严重的损害是不可能通过指数化减轻的。事实上，政府这类措施将使人们更易接受通货膨胀，从而从长远来看，必然使事态变得更为糟糕。这些措施当然也不会使人更积极地克服通货膨胀，因为人们不大容易意识到其痛苦是通货膨胀带来的。弗里德曼教授的如下论断是没有道理的：

通过清除通货膨胀导致的相对价格紊乱，广泛的工资调整条款（escalator clauses）[②] 将使公众更容易认识到通货膨胀率的变化，由此减少人们适应这些变化的滞后时间，进而将使名义价格水平更灵敏、更易变。[③]

这样的通货膨胀，由于其可以看得见的后果被减轻了，所以可能遭到的抵制显然会减少，相应的持续时间也会拖长。

弗里德曼教授确实公开反驳过指数化可替代稳定货币的说

---

① 1977 年 5 月 8 日，在由英国首相主持，于唐宁街举行的有美国总统、西德总理、法国总统、日本首相和意大利总理参加的"首脑会议"结束后发表的《联合公报》的开头几段中，各领导人引人注目地承认了这一基本事实。开头几行是这样写的："通货膨胀不是治疗失业的药方，而是其重要根源之一。"这正是本人为之奋斗了 40 多年的看法——几乎是孤军奋战。然而不幸的是，这份声明却将问题过分地简化了。在很多情况下，通货膨胀确实会导致失业的暂时减少，但其代价则是以后会出现更多失业。正是这一点使通货膨胀具有很大的诱惑力，从政治上看简直有无可抵挡的诱惑力，但也因此格外具有严重的潜在危害。

② 常见于欧美劳务协定中的条款，规定工资应当根据某特定物价指数的变动而自动上调。——译者注

③ 参见 M. Friedman[20b]，p.31。

法，^① 但他却试图使通货膨胀在短期内更容易被人们接受，而我则认为，任何这样的努力都是极端危险的。尽管他反对那种说法，但在我看来，他的做法却在某种程度上会加速通货膨胀。他的理论肯定是符合工人群体的要求的。但在我看来，他们的工资其实应当下调（因其从事的那类工作变得更不值钱了），以使他们的实际收入保持稳定。但工资调整条款则意味着，任何人的工资相对于他人的增加都将不得不表现为名义工资的增加，只有那些工资最低的工人除外，而这本身必然会使通货膨胀持续下去。

换句话说，在我看来，与此类似的种种努力，即秉持着根据工资和价格刚性乃是不可避免的和应当调整货币政策以适应它们的信条——这种心态源于"凯恩斯主义"经济学——而采取的种种措施，从表面来看，是现实要求政府不得不采取一个必要步骤，但实际上，从长远来看，这种做法会使工资总结构越来越刚性，从而会导致市场经济的结构紊乱。但目前应当采取什么样的政策，不应当是经济学家关注的问题。经济学家的任务应当是像我不厌其烦地重复过的那样，使从今天的政治角度看来不可行的政策在未来具有政治上的可能性。决定此时此刻应当做什么，这是政治家而不是经济学家的任务；经济学家则必须继续指出，坚持上述政策必将导致灾难。

我不完全同意弗里德曼教授关于在现有政治、财政制度下通货膨胀不可避免的结论。但我相信，除非我们改变这一政治框架，否则我们的文明必将解体。在这一意义上，我承认，我关于货币

---

① 参见 M. Friedman[20b], p.28。

的激进建议也许是可行的，它不仅是更广泛地改革我们政治制度方案的组成部分，而且是其中非常重要的组成部分。我们迟早会认识到，如此综合性的改革早就有必要进行了。实际上，我针对改革经济和政治秩序提出的两个不同建议[1]是互补的：我提出的货币制度只有在我们不曾实行过的某种有限政府的制度下才有可能实行，而要限制政府，则必须剥夺其发行货币的垄断权。事实上，后者必然可以由前者推论得出。

历史证据

弗里德曼教授早就相当全面地阐述过他对我建议的效力的怀疑[2]，他声称：

丰富的经验和历史证据表明，（哈耶克的）希望实在是无法实现的：能够提供购买力保证的私人货币不大可能驱逐政府发行的货币。

我没能发现任何证据表明，有这么一种货币，公众已逐渐明白其发行者只有在保持其所发货币稳定时才能继续其生意，而银行会对这种货币提供一切正常的银行服务，法律也承认该货币是一种订立合同、记账和进行经济计算的工具。面对这样的一种货

---

① 参见 Hayek[31a]，vol. III。
② 接受 *Reason* 杂志的采访，IX:34, New York, August 1977, p.28。

币，我不能仅仅因为其似乎从未出现过就贸然断言，在此情形下，公众将拒绝这种货币，而依旧留恋日益贬值的政府发行的货币。确实，在很多国家，其实并未禁止发行这样一种货币，但其他条件却几乎从未满足过发行多元货币的要求。每个人都知道，若真有这样一种私人试验，在其看起来将取得成功之时，政府一定会采取措施阻止其发展。

在人们可以自由地选择他们愿意使用的通货的时候，他们会怎么做？如果我们要寻找这样的历史证据，那么下面的例子能够强有力地证实我的预期：当英国货币开始持续贬值时，它就再也不被当作国际贸易的通用货币了。基于我们对个人在应付某种恶劣的国家货币时所采取的行为的了解，基于我们对个人面对政府使用种种手段迫使人们使用这种货币时会做出的反应的了解，我们可以断言，任何具有公众所渴望的属性的货币都有可能取得成功，只要政府没有人为禁止人们使用它即可。美国人是幸运的，他们从未经历过这样的时代——那时，英国国内的每个人都认为，随便哪个国家的货币都会比本国货币更安全、可靠。而在欧洲大陆，一般只要本国政府允许，人们就宁可使用美元，而不使用本国货币。他们在现实中这样做的程度，也确确实实比法律所允许的范围更大，政府则不断威胁将要动用最严厉的刑罚阻止这种做法的蔓延，数以十亿计来历不明的美元钞票掌握在全球各地的私人手中，就是一个明证。

我从来不怀疑，公众作为一个整体要认识到这种新通货的好处的过程是缓慢的，我甚至想指出，一开始，如果有机会，群众可能宁可回归到金本位制，而不是任何形态的纸币。但照例，少数较快认识到某种确实比较稳定的通货的好处的人士所取得的成功，一定会诱导其他人模仿他们。

不过，我必须承认，对于弗里德曼教授几乎不相信竞争将使更好的工具通行起来，我颇为惊讶，他竟然毫无根据地相信垄断将一如既往地提供一种更好的工具。他的这种担心纯粹只是旧习惯导致的懒惰而已。

**

15

通货发行量的可欲行为[*]

迄今为止，我们都是暂时假定，个人乐于使用的那种货币也是最有利于整个市场过程顺畅运行的货币。尽管这一假定似乎很有道理，而且正如我们将会看到的，在实践中，这大致上也是正确的，但这一假定并不是不证自明的。我们下面将研究一下这一想法的确切性。我们至少可以想象一下下面的情形：使用某种通货可能会对每个个体最便利，但如果其他人全都使用另一种通货，则每个人的境遇也可能变得更好一些。

我们已看到（第 13 章），成功的经济活动（或推动此一行动的预期的实现）主要仰赖该人对未来价格能做出大致正确的预测。这些预测乃是以目前的价格为基础而对未来趋势做出的估计，但未来的价格在某种程度上总是不确定的，因为对于决定它们的环境来说，大多数个人无法知晓。事实上，价格的功能恰恰就在于

---

* 可欲行为，原文为 desirable behaviour。——编者注

尽可能快地传播个人不可能知道，而他却必须据以调整自己行为的变动的信号。这套体系之所以能够正常运转，总体来说，就是因为现在的价格能够相当可靠地显示未来的价格可能是什么样的，正如我们已经探讨过的，如果平均价格保持稳定，则那些纯属"偶然的"偏离是有可能互相抵消的。我们也已经看到，如果出现各种价格普遍地沿着同一个方向大幅度波动，则与此相反的预测落空所导致的结果，就不可能互相抵消了。

但个别商品或某组商品的现价也可能完全是误导性的，比如，在其波动是由非重复性事件——比如货币临时性地注入或撤出该体系——导致的时候。因为来自某一方向的需求量的显著变化，会以某种特有方式走向自我倒转：它们会系统地将生产活动引导至其根本无法维持的方向上去。而在资源利用过程中发生的重复性扭曲中，最重要的一种发生在下列情形中：货币总量的注入（或撤出）导致可用于投资的资金大幅增加（或大幅减少），因而大大高于（或大大低于）当前从消费转移成投资（即储蓄）的资金总量。

尽管正是此机制导致金融危机和萧条的重复发生，但这并非使用某一通货的人可能意识到的该通货的特定后果，他们也不可能据此而决定要使用另一种通货。我们可以预期，他们选择使用何种通货，只会受其可意识到的将影响其活动的那些特征左右，而不受货币数量变动对他人决策的间接影响左右（这将在很大程度上通过其对他人的影响来发挥作用）。

等量的通货发行、稳定价格、投资与储蓄

克努特·维克塞尔（Knut Wicksell）是现代学者中第一个让人们注意到投资与储蓄间的这种缺口的重要意义的学者，他也相信，只要货币价值保持平稳，这种缺口就会消失。然而不幸的是，事实证明，他的这种看法并不完全正确。现在人们普遍承认，即使是在保持增长的经济体中，那些为确保维持某一**稳定的**价格水平而必须增加的货币数量，也可能会导致投资水平大大超过储蓄水平。不过，尽管我是很早就指出此困境的学者之一，[①] 我还是倾向于相信，这个问题在实践中并不是很重要。如果货币数量的增减永远都不超过保持平均价格大致平稳所需的数量，那么我们会接近于这样一种状态：投资大致与储蓄相对应，就像我们期望的那样。不管怎样，相比于必然伴随价格水平剧烈上下波动而出现的投资与储蓄间的缺口，在稳定的价格水平上仍会出现的投资与储蓄间的缺口也许不过是数量级的问题，我们无须担心。

虚构的"中立货币"

我有一种印象，经济学家似乎有点过于野心勃勃了，他们所追求的那种稳定性的程度，在任何一个可设想的经济秩序中都是不可能达到的，甚至也是不可欲的。不幸的是，这些经济学家又刺激了一种政治上的需求，即要求在某个令人满意的工资水平上

---

① 参见 Hayek[25], pp.114 及其后。

确保人人就业，而从长远来看，此目标是政府根本无法实现的。社会中的个人与计划实现完全的配合或对应，这是完备市场均衡理论模型的前提假设，而这个假设又基于另一个假设：为了使间接交换得以进行而必需的货币不会对相对价格产生任何影响，这是一个纯属虚构的图景，在现实世界中根本不可能存在。尽管我本人在谈到通货时也说"中立货币"（我后来才发现自己无意之中借用了维克塞尔的说法），但我的用意是以此描述这种几乎被普遍作为各种理论分析的基本属于假设的现象，并提出如下问题：现实世界中的所有货币是否曾有过这种属性。我从未将其视为可通过运用货币政策实现的模式。[1]我很早以前就得出结论：没有一种现实世界的货币具有这种意义上的中立性，我们只能接受某种能迅速矫正其不可避免的错误的货币体系。在我看来，最有可能实现我们可期待的这种状态的办法是保持"原初生产要素"（original factors of production）的平均价格稳定。但对于土地和劳动力的平均价格，我们很难找到某种有效的统计指标，因此最近似乎可行的办法恐怕就是致力于保持原材料或许还有其他商品批发价格稳定，而我们可以期望竞争性地发行货币能确保这一点。

这种临时性解决方案（竞争的试验会逐渐改进、完善它）会给我们带来比起以前肯定好得多的货币，也会给我们带来以前未曾享有的经济稳定。不过我也乐于承认，此方案也留下了很多有待解决的难题，而我对这些问题并无现成的答案。但谈论起满足最紧迫需要的可能性，它似乎比其他现有方案好得多，后者均未

---

[1] 参见 Hayek[26]。

考虑废除货币发行的垄断，也未考虑让提供通货的企业自由地展
开竞争。

若流动性需求提高

我自己刚开始时也曾对这种货币制度能否保持稳定的价格水平
有过疑虑，为了打消它，我们在此简单讨论如下情形：若在某个时
间，社会中的大多数成员都希望将其资产中流动性较高部分所占比
例予以提高，那么这时会发生什么样的情况呢？这难道不意味着，
流动性最高的资产的价值，即所有货币相对于其他商品的价值，有
所提高是正当的，甚至是必要的？

答案是，个人这种需求不仅可以通过提高现有流动性资产的
价值来满足，也可以通过提高这些流动性资产的**数量**来满足。每
个人都希望其资产中流动性很高的资产的比例增大，这种愿望可
以通过额外增加货币总量来满足。反常的是，这也会提高个人一
切现有资产的总价值，同时也会提高其中流动性高的资产所占的
比例。当然，如果你对流动性的概念有比较确切的认识，那么你
就会明白没有任何东西能提高某个封闭社会的整体流动性，除非
你把这个概念引申开来，使它也包含整个社会从高度单一的生产
转向多样化的商品的生产，从而提高社会适应不可预见事件冲击
的能力。

我们不必因为要确保合适的流动性就必须发行更多货币而害
怕对货币的需求突然扩张。任何通货的需求量总是处于某一水平
的，即发钞银行能够发行或保持流通中的通货不会导致它想要保

持稳定的"一篮子"商品的总体（直接或间接的）价格出现上涨或下跌。这一规则将会满足人们所有的正当需求，从而满足各种各样的"交易需要"。而只要还能够以发钞银行所公布的总价格买进或卖出那"一篮子"商品，市场就能处于这种状态中，个人根据现金平衡表而吸纳或释放通货，都不会干扰这一状态。

*

但是，只要良币和劣币同时流通，个人就不可能仅依靠在其交易中使用良币而使自己完全不受劣币的有害后果，这种说法确实是正确的。由于不同商品的相对价格用同时流通的不同货币来衡量必然是相同的，所以使用稳定通货的人不可能躲开被广泛使用的其他货币导致的通货膨胀（或通货紧缩）对价格结构扰乱的冲击。因此，我们下面将要论证，使用稳定货币将会形成的平稳经济过程的好处，只有在大多数交易都以良币进行时才能获得。我相信，用良币取代劣币的过程会进展得相当快，但对价格总结构和整个社会经济过程的偶尔扰乱，也是不可能完全被排除的，除非公众能很快学会拒绝廉价货币的诱惑。

**

16

自由银行业务

其实，我们现在的讨论所面临的一些主要难题，在法国和德国于19世纪中叶展开的有关"自由银行业务"的大辩论中就已有过广泛且深入的讨论了。[1] 这场辩论提出了如下问题：在一个已经由政府发行黄金或白银通货的国家中，商业银行是否有权利发行可被赎回的钞票？当时，钞票业务对银行来说比今天有更重要的意义，当时，支票账户还未发展起来，它是在银行发行钞票的权利被明确拒绝后才逐渐发展起来的。这场大辩论的结果是，欧洲所有国家都由政府授权唯一的银行来发行钞票（美国在1914年不过是模仿这种做法而已）。

单一国家通货而非若干种竞争性通货

我们特别要注意，当时，自由银行业务运动提出的要求不过

---

[1]　关于这一讨论的精彩概括，可见 V. C. Smith[55]。

是允许商业银行也能发行与政府确定的单一国家通货挂钩的钞票。我已说过，当时从未有人考虑过彼此竞争的银行发行**各不相同**的通货的可能性。这当然是源于如下观念：只有能赎回黄金和白银的银行钞票才是真正可行的钞票，因而看起来，在定量贵金属之外发行的钞票不仅不便利，也无法服务于任何有用的目的。

但是，一旦银行发行的钞票不能再赎回黄金或白银，则前人对银行发行钞票的自由的正当性论证就不再有效了，因为此刻，每家发钞银行理应对其所发钞票承担全部责任，但这些钞票却是政府授权的中央银行所提供的法币。于是，这在实际上就需要中央银行提供现金，以兑现私人银行发行的钞票。这是完全行不通的制度，禁止私人发行自己钞票的法令使此方案无路可走（至少就钞票而言是如此，尽管支票账户并未被禁止）。

人们呼吁自由银行业务制度（要求允许银行自由发行钞票）的主要依据是银行由此将能提供更多的、更廉价的信贷。但也正是基于同一理由，这一制度遭到抵制，因为有些人士认识到，这样做的结果将是通货膨胀——至少有一位鼓吹发钞自由的人士也支持这一推论：

我们所说的自由银行业务将会导致银行钞票在法国彻底消失。我希望给予每个人发行银行钞票的权利，这样就没有人长时间持有银行钞票了。[1]

---

[1]　参见 H. Cernuschi[9]，转自 L. von Mises[47], p.446；又见 V. C. Smith[55], p.91。

这种想法当然会导致这种权力无可避免地被滥用，即银行发行的大量钞票将是根本无法兑现的，其结果会使银行倒闭。

但是，鼓吹国家钞票发行集中化的人士的最终胜利，实际上却被一些妥协的行为削弱了，他们对那些主要关心银行可提供廉价信贷的人做出了让步。这种制度承认，获得授权发行钞票的银行有义务向所有商业银行供应其所需的任何数量的钞票，以使其能兑付其活期存款，而这种存款的重要性在急速增长。这一决定也许可以说是中央银行对一种惯例的不自觉的认可，由此形成了最不幸的混合型制度——对货币总量的责任被致命地分割开来，以致没有任何人能有效地控制货币总量。

活期存款类似银行钞票或支票

之所以会出现这一不幸的发展过程，是因为长期以来，人们没有普遍认识清楚，可用支票支付的存款其实具有跟银行钞票相同的重要作用，完全可以被商业银行像钞票那样使用。由此导致政府对货币发行的垄断权遭到稀释（尽管人们还一直相信政府具有这种垄断权）。其结果是，对货币总流通量的控制权分割在中央银行和大量商业银行之间，而对这些商业银行发放信贷的活动，中央银行只能发挥间接影响。人们在很久之后才搞明白，在此制度下"信贷内在的不稳定"[1]是这一结构性特征的必然结果。因而，提供流动性金融工具的机构——主要是那些自身得借助其他货币形态保持流动性

---

[1]　这一表述最早由 R. G. Hawtrey 提出。

的机构——就不得不在每个人都希望**提高**流动性时，精确地**减少**其未偿的债务。但此时，这种制度已稳固建立起来，因而，尽管其导致了"信贷供应不正当的灵活性"，[①]人们却认为，这是无法改变的。早在100年前，沃尔特·白芝浩虽然就已清楚看出这一点，但是他对补救这一已根深蒂固的银行结构缺陷的可能性却深表绝望。[②]而维克塞尔及后来的米塞斯却清楚地揭示，这种制度安排必然会导致商业活动的剧烈波动，也就是"商业周期"（trade-cycle）。

对通货的新控制：银行新惯例

我们提出的废除政府发钞垄断权的建议有一个不小的好处：它将提供一个让我们摆脱上述发展变化所致**僵局**的机会。它将创造这样一种状态：控制货币总量的责任将由某些机构承担，这些机构的利己之心会使它们将货币总量控制在用户最能接受的水平上。

这也显示，我们提议进行的改革不仅需要彻底改变那些从事发钞业务的银行的做法，也需要改变那些不发行钞票的银行的做法。因为后者不能再指望中央银行在其准备金无法满足客户现金需求时伸出援手了——即使它选择了用某个现有中央银行所发通货开展其

---

① 参见 L. Currie[12]。

② W. Bagehot[3]，p160："我始终坚持认为，自然的银行制度应当就是很多银行都自己保持其准备金，只要其忽视了这一点就会遭受失败的惩罚。我已阐明，我们的制度却是仅有一家银行保持全部准备金，而它不必承受失败的真正惩罚。但我还是建议维持这一制度，尽力修补它，减轻其危害……因为我确信，改变它没有任何好处……面对如此广泛的破坏力量，我们找不出任何可以进行广泛重建的合适方法，因而提出别的设想都是没用的。"在这种占据主宰地位的制度尚能凑合运转时，当然只能如此，但在其已倾覆之后，就没必要这样了。

业务，也不能再指望该中央银行会拯救它，因为该中央银行为保持
其货币流通，也必须按照跟它竞争的其他发钞银行的惯例行事。

现有银行家对新制度的抵制

要求所有银行都需要发展出全新的业务惯例，这无疑会使其
强烈反对废除政府垄断权。大多数在银行业通行的办事程序中成
长起来的银行家不太可能应付新问题。我相信，这个行业很多的
现有领导人物无法设想那套新制度如何能够正常运转，因而他们
会将这套制度说成是不可行的或根本办不到的。

尤其是在那些银行间竞争几十年来都受卡特尔制度限制的国
家，这种卡特尔通常能够得到政府的容忍，甚至鼓励。在此，老
一代银行家甚至可能完全无法想象这套新制度是如何运转的，因
而实际上会一致地拒绝该制度。但这一来自原有体制内人士的可
预计的反对不应该让我们望而却步。我也相信，如果新一代年轻
银行家获得机会，那么他们会迅速掌握新的银行形态所需要的技
术。这一新形态不仅是安全的、有利可图的，而且与以前的制度
相比，会更有益于社会。

来自银行界"怪人"的抵制

另一群可能令人惊异地反对新制度的人，将是人数众多的、
为制造通货膨胀而鼓吹"自由银行业务"制度的"怪人"，起码在
其发现"自由银行业务"制度的缺陷恰恰就是其所期望结果的反

面时，他们必将群起反对。[①]一旦公众拥有选择的机会，就不可能再诱惑其持有廉价货币了，人们抛弃有可能贬值的通货的欲望确实很快就会将其变成每况愈下的货币。鼓吹通货膨胀的人士可能会提出抗议，因为最终只有非常"坚挺的"货币才能保留下来。**货币不是会因竞争而日益廉价的东西，因为货币的吸引力恰在于其始终保有其"昂贵性"。**

"昂贵"（稳定）货币问题

如果竞争的一大好处是使竞争者的产品价格昂贵，这就引出了几个很有趣的问题。一旦通货的几个供应者都在保持其通货稳定方面获得比较相近的声誉和信任，那它们将如何竞争？从发钞业务中获取的利润（这等于以零利率借入资金）将会非常高，这似乎不太可能有多家企业在这个行业取得成功。因此，发钞银行向使用本行通货结算的企业提供服务，有可能成为其主要的竞争武器。如果发钞银行确实能够接管其客户的结算业务，我是不会感到惊奇的。

尽管成功确立发钞银行地位的银行的利润非常高，但对于良

---

① 这些经济学家的名单很长，除参考文献目录中 [13]、[22]、[44] 和 [55] 中列出的那些著名学者之外，爱德华·克拉伦斯·里格尔（Edward Clarence Riegel，1879—1953）于 1929—1944 年发表的一系列研究成果尤其值得一提，因为这是一个很好的例子，说明了一个曾引起过一位一流经济学家欧文·弗雷关注的敏锐洞见和长期思考是如何由于该学者对初级经济学的无知而完全失去说服力的。在他去世后，位于加利福尼亚州圣佩德罗的赫彻基金会发表了其遗嘱《逃离通胀：货币的另类选择》（*Flight from Inflation. The Monetary Alternative*）。

好的货币来说，此利润也不会太高，因为这必然会带来政治上的麻烦。其实，这一制度除了必然会因为垄断货币利润而遭到强烈抗议之外，最大的危胁可能来自财政部部长的贪婪，他很快就会声称，他也应分享这笔利润，因为是他允许该货币在他们国家流通的，他当然要雁过拔毛。事实可能会证明，一个民主制政府几乎不可能不去干预货币，它总会明目张胆地进行各种干预。

因此，真正的危险是，人们今天对政府垄断的货币所导致的种种滥权行径忍气吞声，而一旦有人说货币是由"富裕的金融机构"发行的，则关于这些所谓垄断者的滥权行为的控诉就会汹涌而来。为了强行夺回这种货币权，煽动家会不断要求收回其所谓银行发钞特权。我相信，各发钞银行会足够明智，对某种垄断地位敬而远之，如何控制业务量可能也会变成最令它们困扰的难题之一。

17

不再会有普遍的价格上涨或价格下跌了

在允许若干不同货币的发钞银行在不受政府干预自由展开竞争的情况下，似乎不太可能出现一般会看到的价格**普遍**上涨或**普遍**下跌的局面。如果始终存在一家以上的发钞银行，那么它们将会发现，不断调整其通货发行量，以使该通货价值始终与被广泛使用的"一篮子"商品价格水平保持恒定，会对自己有利。这很快会迫使发行其他货币的不太审慎的发钞银行停止投机取巧的行为，不再听任其货币币值滑落或疯涨——假使其不愿完全丢掉其发钞生意或眼看其通货价值下跌为零的话。

根本不存在石油涨价（或其他东西涨价）等成本驱动型通胀

当然，我们这里是将下面这一点视为理所当然：用某通货衡量的平均价格总能通过调整该通货的发行量而予以控制。因而我们不应相信在通货膨胀持续不止时被人提出的试图为政府开脱的说法，即价格之所以持续上涨，不是因为政策出错，而是因为成本大幅上涨。对此说法，我们必须直截了当地回答说：根本不存在"成本推升"通胀之类的事情。不管是工资提高，还是石油价格上涨，或者是进口商品价格普遍上涨，都不可能推动所有商品价格上涨，**除非政府发给这些购买者更多的钱用于购买这些东西。**所谓的成本推升的通货膨胀不过是货币量增加的结果而已，政府觉得不得不增加货币的发行量，以阻止工资上涨（或其他成本）导致的失业，失业本应发生在增加货币的发行量之前，但它却被政府将会增加货币发行量的预期掩盖。政府打算以此增加对工人生产的产品的需求，从而使所有工人都找到就业机会。若政府不增加货币量，工人群体工资的提高就不会导致普遍价格水平上涨，而只会导致销售量下降，从而导致失业。

*

但是，下面一个问题值得我们更详尽地考察一下：若卡特尔或工会之类其他垄断性组织成功地大幅提高了某种重要原材料的价格或某一群工人的工资，于是以某发钞银行竭力维持稳定的货币标价的工人工资被固定，那么将会出现什么样的局面呢？在此情况下，以此货币标价的价格水平的稳定，只有通过其他商品的价格下降才能获得。人们如果不得不花费更多的钱购买其所消费的汽油、书籍和报纸，就必须减少对其他东西的消费。

刚性的价格和工资难题

当然，没有任何通货能消除某些已形成的价格刚性。但它能使那些对此助纣为虐的政策不再行得通，因为它必须使那些保持其产品价格刚性的人面临需求下降、销售减少的前景。

归根结底，主流"凯恩斯主义"学派与本书所提建议背后的理论之间的全部分歧，就表现在两者对刚性的价格和工资现象所持的不同立场。凯恩斯相信，工资刚性是无可奈何的事，我们不得不接受它，因此只能调整货币支出速率，让其适应给定工资水平，以此减轻冲击，他主要根据这一信念得出其观点。这种看法在某种程度上得到 20 世纪 20 年代英国经济形势的支持，因为当时的政府企图不明智地提高英镑的对外价值，结果导致大多数英国人的工资都与国际商品价格脱轨。我则一直坚持认为，调整货币量以适应某些价格，尤其是工资刚性的做法极大地扩张了价格刚性的范围，从长远来看，必然会完全摧毁市场的正常运转机制。

"有益的温和通胀"谬误

所有的通货膨胀都是非常危险的，我们之所以这么说，恰恰是因为，有很多人（包括很多经济学家）都认为，某种温和的通胀是无害的，甚至是有益的。但重要的不是追究由此导致的政策错误，而是留心那句历史悠久的格言：从一开始就要抵抗（principiis obsta)。① 显而易见且令人惊讶的是，即使是一些经济学家也仍未明白：所有人工操纵的通货膨胀都具有自我加速的机制。最初，货币量增加之所以具有普遍的刺激作用，只能归因于如下事实：人们突然发现，价格和利润都高于预期。每项投资冒险都成功了，甚至包括某些本应失败的项目。但这只有在人们没有普遍预期价格持续上涨时才会有效。一旦人们学会如何计算价格上涨的幅度，那时，即使价格以同一速度持续上涨，也不可能再发挥最初那种刺激作用了。

于是，货币政策面临着一个进退两难的困境。为了维持温和通胀所创造的经济活跃程度，货币当局不得不加速通胀率，且增加幅度不得不一次比一次更大，以使通胀率能压过人们的预期。若货币政策不能做到这一点，要么停止加速，要么完全放弃通胀政策，经济就将处于一个比此过程启动之前更糟糕的境地。通货膨胀会使正常的失误判断不断积累，而在正常情况下，那些失误是会被迅速而及时地清除的，现在却不得不集聚在一起同时清算。除此之外，通胀政策也导致生产投向错误的方向，把劳动力和其他资源引向只靠货币量增加，即只有不断追加投资才能维持下去的生产活动中。

由于人们已经普遍相信，不管是谁，只要控制货币的总供给，就有能力在大多数情形下几乎同步地缓解失业现象，哪怕是以未来更大量的失业为代价，因而这样一个货币管理机构所面临的压

---

① 意为"在萌芽状态就将其掐掉"，出自 Ovid, *Remedia Amoris*, 91, trans. Shower-man, *Oxford Dictionary of Quotations*, OUP。

力简直是无法抵抗的。有些经济学家也一直深知这种可能性的危险，因而一直强烈要求用货币当局不能逾越的壁垒约束它。用政治控制货币供应，这对于维护市场秩序太过危险，不可以再容忍。太多政治压力当然也会施加在我们所设想的制度中，即几家主要的私人发钞银行上，它们被要求放宽信贷条件，扩大货币流通量；然而，假如某家**非垄断性**发钞银行屈服于这种压力，它就立刻不再属于重要的发钞银行了。

相信货币代表永恒价值，之所以出现这一"货币幻象"，是因为尽管人们都对货币价值的变化忧心忡忡，却又无可奈何。而人们一旦有了选择权，必将密切关注其可以随意使用的几种不同通货价值的各不相同的变动情况。所有人都会知道且也应当知道，货币需接受监督。出面警告民众某种货币值得怀疑，将被视为值得赞扬的行为，而绝非不爱国的行为。

＊＊

失业的责任应归于工会组织

政府现在通过增发货币对抗工资和价格因垄断被迫上涨所带来的冲击，在剥夺政府这种权力之后，充分利用资源的责任就交还给本应承担责任的那一方：只有在很偶然的情况下才会做出有效决策的一方，即谈判工资或价格的垄断者们。现在我们应该知道，企图借通货膨胀解决工会垄断行为所致失业的努力，不过是将其对就业的影响往后推迟了，直到有一天，为了保持就业率而通过持续增加货币发行量所导致的通胀率将达到无法承受的地步。越早发现那种措施将无以为继，对所有的人都越好，而只要政府拥有采取这些措施的能力，就不能不采取这样的措施。

事实上，我们这里所提的方案不仅能防止严格意义上的通货膨胀和通货紧缩，还有更大的作用。并不是价格总水平的所有变化都是由货币发行量的变动引起的，也不都是由于货币的发行没有适应人们持有货币需求的变动，而只有这样导致的结果才可以说是严格意义上的通货膨胀或通货紧缩。历史上，收成变化会导致主要粮食和纺织材料出现匮乏或过剩的局面，而今天，确实不太可能出现大多数重要物品的供应同时出现大幅波动的情况了。但即使到了今天，或许在战时，在被敌人包围的国家或孤岛，还可以设想出现某种产品严重匮乏（或过剩）的情况。至少，如果指导该国通货发行的商品价格指数主要是基于该国的国内价格，则可能导致通货发行量的变化，而此时所要抵抗的不是由货币因素引起的价格波动。

防止普遍的价格下跌

读者可能仍然觉得不能完全相信，在我们此处所构想的竞争性货币制度下，普遍的通货紧缩与普遍的通货膨胀一样不可能出现。实践经验似乎的确已经说明，在对未来严重不确定或满心惊恐时，即使再低的利率也不能阻止银行收缩其已发放的贷款。那么，一个发行其独有货币的银行在发现自己陷入这种处境，即以其通货标价的商品价格将会下跌时，会怎么做？若这样的局面也同样影响与其竞争的其他机构，那么它到底要付出多大代价才能阻止价格的这种下跌趋势呢？

　　在人们普遍希望保持较高流动性时，发钞银行当然可以高高兴兴地增发货币。然而，这家发钞银行肯定不乐意坚持以比其发行时还高的价值回购其通货，因为这会给自己带来债务。我们可以推测，为继续保持那些有利可图的投资，这家银行可能会事先选择购买一些有息证券，借此渠道将现金送到那些正在寻找其他投资的人的手里，同时又能带动长期利率降低。拥有大量通货发行量的机构甚至可能发现，购进一定量的商品也不错，这些商品是那个指数中包含的商品，它们会对价格下跌产生格外强烈的影响。

　　这种措施可能足以抵消经济过程本身所导致的价格普遍下跌的趋势，若确实能取得这种效果，则其效果应与货币管理的效果不相上下。当然，我们不能完全排除如下可能：有些事件可能造成某种普遍的人气低落和经济不振，而任何东西都不能引导人们恢复投资，此时也就无法制止迫在眉睫的价格下跌危机。但这样的危机是由外生事件造成的，诸如对迫在眉睫的世界性大灾难的恐惧，对共产主义汹涌而来的恐惧，或某些地区的所有人都急切地要把所有个人资产转换成现金准备撤逃，面临这样的情形，的确没有任何东西能阻止不动产价格普遍下跌的趋势。但只要那些使资本主义企业的有效活动得以进行的一般条件能够维系，那么，竞争就能为我们提供一种货币，它对市场的扰乱会减少到最低程度——而这本来——就是我们所能指望的一切。①

---

① 还有一个疑问，即是否会出现如下情形：现金持有者希望将其手里的货币兑换成某种将会升值的货币，但这种货币却可能不那么容易得到。

18

货币政策既非可欲，也非可能[*]

如上所述，在我们提出的制度安排下，确实不可能有什么货币政策。不可否认，在基础货币的发行与以其为基础的寄生性货币的发行之间存在着某种责任分工，因而为了防止竞争完全失控，中央银行必须深思熟虑，努力抢在这种局面出现之前就阻止其发展，对此，它只能发挥影响而不能直接控制。然而，仅仅50年前还被认为是金融智慧的最高成就的中央银行制度，现在却基本上声名狼藉。确实，自金本位制和固定汇率制度被废除之后，中央银行获得的自由裁量权，确实要比其依旧按照严格的规则进行管理的时候更大。而在货币政策的目标仅仅是某种合理程度的币值稳定的地方，中央银行存在的问题的严重程度，确实也跟一心制造通货膨胀的国家一样。

---

* 原文为 Monetary Policy Neither Desirable nor Possible。——编者注

政府是不稳定的主要根源

我们可以让一位有资格的权威作证——1962—1972 年，迷信货币政策"微调"的人士还具有一定的影响力，而我们可以肯定，他们将再也不会有这种影响力了。当时，这位人士就对这样的现代抱负有着共鸣：绝大多数波动都是预算政策和货币政策的产物。[①] 我们当然没有理由宣称，废除对货币发行量的半自动管理以来的这段历史时期，比实行金本位制和固定汇率制时期的货币更稳定，或它更有效地避免了货币紊乱。

如果我们认识到，在银行自由发行竞争性通货制度下，我们今天所说的货币政策既不必要也不可能存在，那么我们其实就能看清，这样的制度将会产生完全不同的经济景象。因此，比起自称旨在服务公共利益的任何机构所做和所能做的，只受自己追求利润动机驱使的发钞银行将会更好地服务于公共利益。在这种制度下，在某一国或某一地区内，不存在可明确界定的货币数量，通货的各发行机构应努力使其通货的总价值保持增长，从而使公众乐意持有，除此之外，它不应再去追求任何的其他目标。若我们的看法是正确的，则当公众能做出选择时，他们将会选择购买力有望保持稳定的通货，而由此提供的货币要好于以前存在过的

[①] 参见 O. Eckstein[14]，尤其是第 19 页："传统上，稳定理论认为，资本主义的私有经济是会导致波动的经济机制……毫无疑问，政府才是造成不稳定的主要根源。"还有第 25 页，若没有政府的这些政策，则"通胀率（1962—1972 年的美国）本来会低一些，实际增长会更平滑一些，经历过失业的总人数可能不会有多大变化，但其幅度可能会放缓，这一时期结束时的状况也有可能不会使人们对工资和价格进行控制"。

任何货币，这种货币也更能维护稳定的商业环境。

市场秩序所谓的重大缺陷，即大规模失业的重复出现，一向被社会主义者或其他批评家说成是资本主义不可分割的、无可饶恕的罪恶。[①]历史却证明了，这种大规模失业完全是由政府妨碍私人企业自由活动、阻止私人企业提供能保证市场稳定的货币造成的。我们已经看到，自由企业既有能力提供确保币值稳定的货币（只要其获得许可），而对个人利益的追求也会驱使私人金融机构这样做，这一点是毋庸置疑的。我不敢肯定私人企业一定会采取我所提出的办法来完成这一任务，但我倾向于认为，因为由来已久的优胜劣汰机制，私人企业必定能及时找到好于现代人预想的解决这些难题的方案。

货币政策是萧条之源

我们应该已经知晓，货币政策与其说是经济萧条的救星，不如说是萧条的根源，因为货币管理当局很容易屈服于廉价货币的"叫嚣"，从而将生产引至错误的方向，使后来的通货膨胀不可避免；相反，货币政策不太可能协助经济摆脱在某一方向上过量投资的后果。**市场经济过去的不稳定恰恰是不让市场机制最重要的管理者——货币——由市场过程进行调整的恶果。**

一个单一的垄断性机构不可能掌握管理货币发行所需的信

---

① 20世纪30年代发生的导致激进意识形态崛起的漫长萧条（若没有这场萧条，这种激进的意识形态今天可能已经死亡），完全是由政府对货币管理失当引起的——在1929年之前和1929年之后都是如此。

息，即使它知道为了公共利益应当如何行事，它也经常无法照此采取行动。事实上，如果市场秩序的主要优势如我所确信的那样，在于价格能向每个行动的个人传递相关信息，那么只要持续观察某一商品现价的变动情况，就能获得应在某个方向多投资还是少投资的信息。货币不是政策工具，通过控制其发行数量并不能如我们预期的那样达到某个可预见的结果。相反，货币应当是"自动驾驶机制"的组成部分，个人被其诱导，不断调整其行为以适应环境，而对于这种环境，个人唯有通过抽象价格信号获取相关信息。货币应当是传递任何人都不可能完全知道的市场中无数事件的结果的一根大有用处的"导线"，而要保证维持一种由各参与者的计划互相配合而形成的秩序，就必须得有这样的一个传递过程。

政府不可能基于普遍利益行事

即使我们承认，政府知道为社会普遍利益应如何管理货币的发行，但是它们也根本不可能为普遍利益而行事。在以上引用的一篇文章中，埃克斯泰因教授根据自己作为政府顾问的亲身经历得出如下结论：

即使政府能采纳某种（提供稳定框架的）哲学，它们也不太可能靠规则过日子。[1]

---

[1] 参见 O. Eckstein[14]，p.26。

一旦政府获得照顾某些集团或某部分人口的权力，多数派组成的政府（majority government）的整套机制会迫使其使用此权力寻求足够的支持，以使其获得指挥权。这种诱惑不断促使政府通过操纵货币数量以满足某些地方或某些部门的不满情绪，于是大量资金会被用于为呼吁援助的人提供服务，这种呼吁往往是无法回绝的。这样的开支绝不是恰当的救济措施，相反，它必然会扰乱市场的正常运转。

在像战争这类真正紧急的情况下，政府当然仍能把债券或其他纸币强加于人民，以满足无法靠当前财政收入支付而又不得不支付的预算项目。但为了使产业能迅速重新调整以适应急剧变化的环境，强制贷款之类的办法可能比通货膨胀更适合，因为通货膨胀会扰乱价格机制的有效运转。

*

不再存在国际收支平衡问题

由于一国疆域内不再只有单一通货，因此当然也就不再有所谓的"国际收支平衡"（balance-of-payment）问题，而人们普遍相信，这个问题给目前的货币政策带来了很大的麻烦。当然，肯定还会继续有通货在不同区域间相对或绝对数量再分配的问题，因为有的地区会变得富裕一些，而有的地方会变得穷一些。但这个麻烦决不会比目前在随便一个大国内通货再分配所带来的麻烦更大。那些变得富裕的人会持有更多通货，而变得贫穷的人只能持有较少通货，仅此而已。这样的事实所造成的麻烦将不复存在：在现有的制度安排下，一个国家自有的现金基础减少，而要求建立在这种基础上的整个上层信用结构则相应收缩。

　　同样，某一国家以其邻国的价格为竞争对手而形成的占据优势的价格结构，与不同国家价格水平的相对变动的统计幻象之间曾经相当紧密的关系也基本上会消失。事实上，我们会发现，"国际收支平衡"问题是因为各国都有一套自己的国家货币才形成的一个完全多余的问题，而正是它又导致了一国的国内价格比国际价格更具有连贯性，这是完全不可取的。从某种比较可取的国际经济秩序的角度看，国际收支平衡问题根本就是一个伪问题，不会有任何人担心这个问题，只有那些垄断一国疆域内的货币发行权的机构才会担心。各国自成体系的货币消失后的一个不小的好处是，我们又回到了那个人人对统计学一无所知的幸福时光，没有任何人能知道他的国家或地区的收支平衡是多少，因而也没有人会担心或不得不去处理这个问题。

让人上瘾的毒品：廉价货币

　　有人相信，廉价总是可取的、有益的，这种信念对任何政治当局或垄断发钞者都构成了不可避免的、无法抗拒的压力，人们也相信，政府或货币当局有能力通过发行更多的货币而使货币趋于廉价。增发用于放贷的资金使可贷出资金变得廉价，这不仅能给借到这笔钱的人带来好处——尽管其他人要付出代价，而且在短期内，也能对商业活动产生广泛的刺激作用。然而，这些增发货币将会摧毁市场的自我调节机制，但此结果却是不太容易能看出来的。因为这样释出的资金将被用来购买更多的物品，从而导致相对价格结构紊乱，将资源引至不可长久维持的生产活动中，从而不可避免地导致未来的反弹。但这种间接或缓慢的结果是由其性质决定的，相比于当下令人欣喜的结果，尤其是带给最早得到增发货币的人的好处，更难被人们认识到，也更难被人们搞明白。

为人们提供一种交换媒介，提供一种在购买某等价物并将其支付给他人前自己也乐意持有的交换媒介是一种有益的服务，这就跟生产任何其他物品一样。若对这些现金的需求增加，则应增加该货币的发行数量以保持现金平衡（或在人们愿意持有的现金结存下降时相应减少货币总量），它也就不会扰乱其他商品或服务的供需比例关系。但是，通过增发货币，使有些人可买到超出其正常收入的东西（这本来是他人应得到的），这确实属于盗窃之类的犯罪活动。

然而，当这种犯罪活动是垄断的货币发行者，尤其是政府犯下之时，却成了一种为人们普遍容忍、非常赚钱的犯罪活动，因为其后果未被人们搞明白，也不受任何惩罚。但对于必须与其他通货竞争的某一通货发行者来说，这是一种自杀行为，因为这将摧毁其所能提供的服务，而人们正是因为这些服务才愿意持有其通货的。

因为人们都搞不明白，所以垄断者过量发钞的犯罪活动不仅得到容忍，甚至还受到赞扬。这正是市场的平稳运行屡次被扰乱的主要原因之一。今天几乎所有竭力要在这一领域中做好事的政治人物，当然，还有那些被迫做一些唯有组织起来的大型利益集团才觉得不错的事情的人，很有可能给市场秩序带来的只是更大的损害而不是好处。而那些只知道自己发行货币业务的成功完全取决于他保持自己的通货的购买力平稳的人，其实更有益于公众，尽管他主要只是在追求自己的利润，而并没有有意识地关注其行动的长远效果。

废除中央银行

在这里，也许应该插一句，以探讨一个显而易见的推论：废除政府发行货币的垄断权，也必然意味着我们目前所看到的中央银行将会消失，这既是因为我们可以设想有些私人银行可以担起中央银行的职能，也是因为有人认为即使不存在货币发行的政府垄断，中央银行的一些古典职能也总还是为人们所需要的，比如充当"最后贷款人"或充当"准备金的最后持有者"。①

然而，人们之所以需要这样的机构，完全是由于商业银行给自己带来了见票即须以某种通货承付的债务，而另一家银行对此通货拥有独家发行权，故商业银行发放的是以另一种货币标价可赎回的货币。诚如我们下面将要讨论到的，这实际上正是现有信贷体系不稳定的主要根源，它将造成整个经济活动的大幅度波动。如果没有中央银行（或政府）对于货币发行的垄断，没有法律中有关法币的条款，那么银行就没有理由为解决自己的清偿能力而依赖其他银行发行的现金。沃尔特·白芝浩曾将其称为"单一准备金制度"，这是货币发行垄断制度不可分割的组成部分，但在失去货币发行垄断之后，这既是不必要的，也是不可取的。

---

① 对这一功能及其如何出现的经典描述，仍出自 W. Bagehot[3]，他曾正确地说道："银行业的自然状态是各大银行都维持自己的准备金。"

人们可能仍会坚持认为，为确保流通量有"弹性"，需要有中央银行。尽管在过去，这种说法比其他说法更经常被人滥用，以掩饰其制造通货膨胀的要求，不过，我们倒也不必完全忽视其中的道理。真正的难题是如何协调货币供应弹性与货币价值稳定，在我们看来，只有在某一通货发行者明白其"生意"取决于不断调整货币的发行数量以使其价值保持稳定（以商品来衡量）时，此问题才能有解。若增发货币导致价格上涨，则此增发就显然是不正当的（尽管有些人可能迫切觉得自己需要这笔增发的现金，这笔钱将成为他们支出的现金，而不会被用于增加其流动性储备）。能使一种通货被人们普遍接受的，即成为名副其实的流动性资产的因素，恰恰就是其购买力有望保持稳定，因而人们才会偏爱它而不选择其他资产。

必然会稀缺的不是流动性，而是购买力，即换取用于消费或进一步生产的物品的能力，购买力之所以是有限的，是因为所能购买的东西的数量是既定的。假如人们需要更多流动性资产，仅仅是为了持有而不是为了花销，那么这类资产在被制造出来之时就不会使其贬值。但如果人们需要更多流动性资产是为了用它们购买其他物品，那么增加发行量后的信用价值就将在人们手指间悄然流逝。

不再有固定利率

随着中央银行和货币发行垄断的消失，当然也就不再有刻意确定的利率了。所谓的"利率政策"的消失完全是可期的。利率跟其他商品的价格一样，应反映影响贷款供需的种种条件的总体影响，而这是任何机构无法得知的。对于某些人来说，大多数价格变动的影响是令人不快的，但跟其他商品价格的变动一样，利率变动向所有相关者传递了无人了解但却必须了解的各种因素的聚合体。利率应当被作为政策工具使用的想法完全是错误的，因为只有自由市场中的竞争才能考虑到在决定利率时必须予以考虑的所有因素。

只要每家发钞银行在放贷时都致力于不断调整其已发行通货的总量以保持其购买力稳定，那么发放贷款的利率就是由市场所确定的利率。从总体上看，所有银行发放的投资性贷款的总和，如果要想不推动价格水平上涨，那就不能超过当期的储蓄总额（反过来说，如果要想不压低价格水平，就一定不能少于当期储蓄总额），货币的增长数量不能超过伴随产量不断增长而出现的总需求增加所需要的数量。这样，利率将由对用于开支的货币需求与为保持价格稳定而需要的供应的均衡来决定。我相信，这将能够确保储蓄与投资的协调一致，也会比任何其他方式更好地做到这一点。这也会使银行在考虑保持货币数量的变化的平衡时，考虑到人们乐于持有的结存的变化所引起的货币需求量的变动。

当然，政府仍然可以通过其净借款额影响市场利率，但它不再能明目张胆地操纵利率以使自己可以借到廉价资金——这种做法在过去造成了极大的危害，因此仅仅这种恶果本身就足以说明，为什么应当让政府离这个利率阀门远一点。

**

19

比固定汇率更好的纪律

那些了解我一贯立场的读者可能会觉得，我现在的看法跟以前的看法有冲突，甚至完全相反，因为过去 40 多年来，我一贯支持各国货币间实行固定汇率，我一直批评浮动汇率制度，[1] 甚至在那些跟我一同捍卫自由市场的朋友们转而支持浮动汇率体制时，我仍坚持自己的观点。其实，这两者并不冲突。从两个方面看，我现在提出的建议正是对决定我以前的立场的那些问题深入思考的结果。

我一直认为，一国为了矫正某商品供应量或需求量的变动，将其商品价格和服务价格结构相对于其他国家予以提升或压低，是完全不合适的。人们之所以错误地认为有必要这样做，主要是

---

[1] 关于我立场的第一次完整表述见我于 1937 年在日内瓦的讲座 Monetary Nationalism and International Stability[27]。它包括几篇讲稿，我写得很匆忙、很糟糕，尽管我在早年对这个问题曾深入思考过，可惜我在写作时正忙于其他研究。我一直相信，它包含着一些驳斥各国间货币汇率浮动的重要论证，却始终没得到充分回应，不过对此，我倒并不感到惊奇，因为很少有人读过它。

因为人们可以获得有关一国价格**总体**变动的指数，这种统计信息给人以误导性印象，认为一种通货的"国内价值"本身相对于其他通货的价值是可以改变的，因此主要是需要改变具体商品在相关各国价格之间的关系。即使的确有改变各国总体价格间关系的必要性，这也只是国际货币体系不完善所带来的人为的、不可欲的后果，这种后果是由以银行活期存款为上层建筑的金本位制度造成的。我们将在下面深入探讨这些问题。

取消对官方通货的保护，让其接受竞争的考验

我还一直认为固定汇率是必要的，其理由跟我现在为通货的自由市场呼吁的理由一样，即需要对发行货币的机构施加某种最不可少的纪律或约束。当时，不光是我本人，显然还有所有人都没有想到，如果货币的发行者被剥夺了可以庇护自己发行的货币不受**竞争性货币**的挑战的权力，则可以形成一种更有效的规则。

强制维持可以按固定比率用本国货币兑换黄金或其他货币的规定，在过去曾提供了唯一的规则，它能有效地防止货币当局屈服于不断有人提出的获得廉价货币的要求。金本位制、固定汇率或其他形式的按固定比率强制转换的机制没有别的目的，唯一的目的就是对货币发行者施加这样一种规则，即通过使其管理自动化而剥夺当局随意改变货币发行数量的权力。事实证明，这样的规则太软弱了，不足以阻止政府破坏它。然而，尽管通过这些自动控制机制所进行的管理远不是理想的，甚至说不上差强人意，但只要这样管理货币，其结局就要比政府拥有随心所欲的垄断权

的任何时期所能取得的成果更加令人满意。除某种信念——一个
国家不信守自己的负债义务是这个国家的耻辱——之外，没有任
何东西能充分地加强货币当局的力量，使它能抵御种种要求创造
廉价货币的压力。我从来都不敢否认，一个明智的、独立于政治
的货币当局，会比它被迫为了维护该种货币与黄金或其他通货的
固定的兑换比率而制定政策时做得更好。但我看不到货币当局在
现实世界上实现其良好意图的任何希望。

甚至好于黄金——"摇摆不定的锚货币"

今天，我们当然都应当普遍地知道，一种能够赎回黄金（或
其他通货）的通货的价值，不是**来自**那些黄金的价值，而只能通
过对通货发行数量的管理而与黄金保持相同的价值。这种迷信
逐渐地消失了，但是即使在金本位制下，说通货的价值是由它所
包含的黄金的其他用途的价值（或者说由它的生产成本）所决定
的，也不比说黄金的价值是由它所能兑换的通货的价值所决定的
更正确（或许更不正确）。从历史上看，能够在较长时间内保持
其价值的货币，确实都是金属铸币（或者能够兑换成金属——黄
金或白银——的货币），而且政府迟早会降低金属货币的成色，
而我们所见到过的所有的纸币也就更加糟糕了。现在，大多数人
相信，唯一的解决办法是重新回到某种金属（或其他商品）本位
制。然而，一种金属货币仍然会面临政府欺诈的风险，不仅如
此，即使在它表现得最好的时候，作为一种货币，它也不如我们
提出的竞争性机构所发行的钞票更健全，这些机构的整个生意依

赖于它向公众提供一种令公众乐于持有的货币。尽管黄金是一只锚——而且是一只比交由政府随意处置的货币都要好的锚——但它也是一只摇摆得很厉害的锚。如果大多数国家竭力要摆脱本国的金本位制，那么它当然就无法承受这种压力。这不仅仅是黄金不足的问题。某种国际性的金本位制在今天只能意味着，少数国家维持某种真正的金本位制，而其他国家则通过某种黄金兑换本位制依附于这些国家。

竞争提供的货币比政府提供的更好

我相信，我们建议的制度可以比黄金所能做到的好得多。政府不可能比黄金做得更好。而自由企业，即那些从提供健全货币的竞争过程中涌现出来的机构，毫无疑问能比黄金做得更好。在此制度下，我们也不需要用复杂、成本高昂的兑换规定阻止货币的发行，而这些规定却是确保金本位制自动运转所必需的，这一点就使我们建议的制度看起来至少比商品准备本位制更切实可行，尽管后者在理想状态下似乎更适宜。对于这样一种商品本位制来说，储备范围广泛的各种原材料及其他充当本位的商品是一种非常诱人的、切实有效的设想，它能确保通货按固定比率赎回这些商品，从而保证该通货的稳定。但这些储备的成本非常高昂，因而仅储备很小一组商品才比较可行，而这会削弱建议实行的商品本位制的价值。[①] 但采取这样的预防性措施以迫使货币发行者管理

---

① 参见 Friedman[19]。

货币发行数量的做法，只有在其利益是将其货币的价值提高或降低到本位之上或之下时，才是必要的或可欲的。可赎回性是施加给**垄断者**的必要保障机制，但对竞争性货币发行者来说却是不必要的，因为如果其提供的货币对用户的好处达不到其他货币的好处，那它就不可能继续在此行业做下去。

政府对货币的垄断是不必要的

在若干年前，即 1960 年，我本人还曾论证说，即使我们有可能剥夺政府对货币政策的控制权，那也不仅是不可行的，甚至可能是不可取的。[①] 这种看法当然是基于大家普遍默认的一个假设：每个国家只需存在一种统一的货币。我当时根本没想到在给定的国家或区域内存在多种通货竞争的可行性。如果只允许存在一种货币，则将其发行垄断权掌握在政府手中可能是正确的。几种货币同时流通，有时可能确实有那么一点点不方便，但对其后果的仔细分析却表明，其优势可能远大于它们让人在比较价格时的不方便，尽管人们对新局面的不熟悉可能使这种不方便比其应有的大一些。

自愿接受的纸币与被强制接受的纸币的区别

虽然全部历史经验似乎都证明了，大多数人对纸币的不信任

---

① 参见 Hayek[29], pp.327 及以后各页。

是正常的，但实际上，这种不信任基本上是冲着**政府**发行的货币而来的。人们频繁地使用"不兑现纸币"（fiat money）一词，仿佛所有纸币都是这类货色，但其实，这个词所指的只是根据当局专断命令或其他法案进入流通的那些货币。这种仅仅因为人们被迫接受而流通起来的货币，是完全不同于那些因为人们相信其发行者会保持其稳定因而逐渐接受的货币的。因而，被人们自愿接受的纸币不应该蒙受政府带给纸币的恶名。

货币有价值是因为人们知道它是稀缺的，也只有在其稀缺时，它才有价值，他人也才有可能以其现有价值接受它。对于任何货币来说，如果人们仅仅因为相信其发行者会保持其稀缺性而自愿地使用，仅仅因为发行者已证明其值得人们信赖而被人们乐于持有，这种货币就会由于其价值稳定而被人们越来越广泛地接受。人们将会知道，持有这种货币的风险小于持有其并不掌握具体信息的其他物品的风险。他们持有这种货币的意愿取决于人们是否会在大致了解的价格幅度内接受该货币的预期，因为这些人也知道对方有同样的预期。依此类推，这种状况会无穷无尽地持续下去，甚至会趋向于使预期本身越来越稳定（因为得到确认的预期能增加人们的信赖感）。

*

有些人显然觉得很难相信，一种纯粹的符号性货币，没有给予其持有者以某种可要求赎回有内在价值（等于其现价）东西的法律权利，也能被人在一定时间内普遍接受或保有其价值。他们似乎忘记了，在过去40多年中，在整个西方世界，除了这种不可赎回的代用货币，我们没有任何其他货币。我们一直以来不得不使用的形形色色的纸币，一度也曾有其价值，而之所以出现缓慢贬值的过程，不是因为人们觉得其无法最终被赎回，而仅仅是因为，被授权在一国内仅发行一种货币的垄断性机构没能将其发行量限制在适当水平。但在英镑钞票上印上一句话，说"我承诺见票即向持有者支付1磅的物品"或任何数量的物品，并由其总出纳和英格兰银行行长签字认可，其意思不过是说，他们承诺将这张钞票兑换成其他纸币。

这些机构或政府完全有权将其所发行的部分钞票兑换成其他钞票或证券，从而随意调整其所发货币的流通总量。这种赎回只是调整掌握在公众手中的货币数量的一种方法而已，而只要公众的看法不受某些似是而非的理论的误导，就总能清楚地看清事实的真相，比如有人就说过："（美钞）的价值会随着政府随意扩大或缩小其发行量而变化。"①

历史当然不支持下面的看法：就这方面而言，政府只能从过量发行中获益，所以它比私人发钞银行更值得信赖。其实，私人货币发行商的整个生意，源于它不滥用人们的这种信赖。难道真的有人相信，在西方工业化国家，在经历了过去半个世纪的痛苦之后，人们对以政府为依托的货币的价值的信赖会高于对私人机构发行的货币的信赖吗？我们已经清楚地看到，这些私人机构的整个生意完全取决于其是否能够发行一种健全的货币。

　　　　　　　　　　　　　　　　　　　　　　　　　　**

---

① 参见 W. Bagehot[3], p.12。

20

会有分立的通货区吗

我们一直习惯于每个国家都存在一种独特的货币，实际上，国内所有的交易都以它来进行，因而我们总是倾向于认为，一国的国内价格的总体结构与其他国家的价格结构趋向一致是自然且必要的。然而，这根本就不是一种必要的和任何意义上自然的或可取的事态。

国家货币既非必然也非可取

至少在没有关税或其他妨碍商品和人员跨境流动的障碍时，一国国内价格具有趋向协调一致的趋势，但这与其说是保持各自国家货币体系的理由，不如说是维护此体系的**结果**。它已导致各种民族国家现行制度（national institutions）的发展，如全国范围的集体谈判，这些制度又强化了国家间的差异。之所以会出现这样的局面，是因为控制货币发行量的权力赋予了政府采取某些行动的能力，而从国际秩序和国际稳定角度看，这完全是不可取的。这种制度安排只有形形色色的国家主义者（étatists）会表示赞成，而对于和睦的国际关系来说却是完全有害的。

除了靠国家保护才形成垄断并导致各国货币自成一体之外，我们确实没有理由相信，为什么凑巧处于一个政府统治的疆域之内便应该相应地形成一个自成体系的国家经济区，这种经济区又为什么能从拥有一种不同于其他区域的共同的货币中受益。在主要依赖国际交换的秩序中，把处于同一政府统治下的经常是偶然聚拢在一起的几个不同区域视为自成体系的经济区，未免太过荒唐。但直到最近，少数经济学家才意识到这一事实真相，并提出一个问题：什么是可欲的货币区？但他们发现，这个问题很难回答。[①]

尽管历史上自成一体的国家货币不过是民族国家政府增进其权力的工具而已，但是近代以来为货币民族主义论证的理论却偏爱一种制度安排，在这种制度下，一个地区**所有**价格可**相对于**另一地区的**所有**价格同时提高或降低。这被看成一种优势，因为它能使政府在面临外国对某些产品需求下降而转向另一些国家时，不至于降低某些特定价格，尤其是不必压低工资水平。然而，这不过是政治的权宜之计；在现实中，它意味着，政府不是降低**少数**受直接影响的价格，而是把数量多得多的价格予以提高，以使本国货币与他国货币在国际价格下跌后恢复均衡。因而，最初鼓动实行各国货币间浮动汇率制的动机纯粹就是想制造通货膨胀（尽管人们当时只是愚蠢地想将调整的责任加在出现贸易盈余的国

---

① 参见 McKinnon[40] 与 Mundell[49]。

家上）。但后来，那些企图保护本国不受他国通货膨胀政策影响的其他国家也开始采用这种做法。

*

相比于政府采取措施阻止某个人或某个群体的货币收入下降，阻止流通于社会中较大的一个区域的货币发行数量下降的理由同样是站不住脚的，尽管这样的措施可以暂时缓解当地人的艰难生活。对诚实、正直的政府来说，更重要的是，任何人都无权使某些群体回避调整自己以适应不可预见的变化的必要性，因为如果政府可以这样做，那么它肯定会在政治需要的压力下一直这样做。

**

工资水平的刚性：提高全国价格水平不是解决办法

经验已经证明，人们普遍相信能够轻松解决工资刚性所造成的困境的办法，即提高全国工资**总**水平，不过是使事态更为糟糕而已，因为在事实上，它免除了工会组织对失业所应承担的责任，而其工资要求必会导致并创造出某种不可抗的压力，迫使政府以通货膨胀来减轻工资刚性的种种后果。因而，我一如既往地反对货币民族主义（monetary nationalism）①或各国间货币的浮动汇率制。但我现在倾向于彻底取消货币边界线，而不仅仅是让各国货币以固定汇率彼此兑换。将某一部分从国际价格结构中分割

---

① 对于让人迷恋国内价格及货币国家化的其他方面的根源，我的作品也有所讨论，尤其是 Hayek [27]。

出去，可以不顾同种商品在他国的价格而随意提升或降低，在我看来，这样一整套观念，只有这样的一群人才可以想象得到：他们一向都只根据全国的（"宏观的"）价格水平思考问题，而从不用个别的（"微观的"）价格思考问题。他们似乎以为，全国价格水平是直接对个人行为产生作用的决定性因素，他们没弄清相对价格的功能。

稳定的全国价格水平可能打乱经济活动

我实在不明白，我们为什么竟然期望某个与世界经济的其他地区有大量商品往来的某一地区的价格水平，始终维持在某一稳定的价格水平上？在外部对该地区需求与该地区对外部需求不断变动的情况下，却要保持价格水平的稳定，这只能扰乱而不能有助于市场的正常运转。国内各地区之间在这方面的关系，与各国之间的关系并没有本质区别。市场对飞机的需求从西雅图转移到洛杉矶，肯定会导致西雅图相关工作岗位减少、相关人员收入下降，甚至可能导致当地零售价格下跌；但西雅图工资下降，可能会吸引其他产业前来投资。如果增加西雅图或其所在的华盛顿州的货币发行量，或许西雅图人在短时间内会得到一些好处，但从长期来看，他们将一无所获。如果整个美国西北部地区拥有其通货，并可为缓解其部分居民的不幸而使其货币量保持平稳或增加，那么这也依然无济于事。

尽管我们没有理由要求每个地区都有自己的货币，但竞争性通货在每个地区的自由发行是否会形成货币区，或者说某种货币在一个地区是否会占据优势（尽管其他地区的人也能使用它），这当然是个完全不同的问题。我们已经看到（第12章），对于应该使通货与之保持恒定关系的商品等价物，人们会形成不同的偏好。在发展水平较低的国家，除大米、鱼、肉、棉花和木材外，人们很少使用其他东西，因此，这些东西的价格也就是人们主要关心的。尽管这种地方化趋势也许会被使用另一些货币的人的力量抵消，但这些人根据其偏好会更加信赖那些发行具有国际声誉货币的银行，而不太信赖使其货币专门适应当地环境的银行。如果在一个较大的区域中，人们在日常交易中仅仅普遍使用一种通货，对此，我是不会感到惊奇的，只要潜在的竞争能迫使该通货的发行者竭力保持其通货稳定即可。跟别的领域一样，如果该发钞银行并未试图排斥创新和改进，那么实际上**尚未存在的**竞争也能接近于**实际存在的**①竞争时的效率。可随时兑换普遍使用的货币也使那些要与本区之外做生意的人，一旦对自己手头的通货是否会被他人普遍接受表示怀疑，就可迅速将其兑换成其他通货。

但是，各自通行一种货币的各地区并没有明显或固定的边界；相反，其各自的范围将是重叠的，其分界线也不是不断变动的。而一旦这一原则在经济领先的国家被普遍接受，它就将迅速传播到人民可自由选择其制度的任何地方。毫无疑问，即使在取消货币兑换控制已成为文明、公正国家的标志之后，这些地方也会形成一些独裁者统治下的飞地，这些独裁者不愿意放弃其对货币的权力。

---

① 原文是 in posse，in esse。——原编者注。

21
对政府财政与开支的影响

　　基本来说，公共财政的目标和管理某种令人满意的货币的目标是完全不同的，甚至是互相冲突的。将两项任务放在同一机构身上，结果总是导致混乱，最近几年，更导致了灾难性的后果。这种制度安排不仅使货币成为经济波动的主要根源，也在很大程度上刺激了公共开支的失控性增加。如果想要维护能正常运转的市场经济秩序（及与其伴生的个人自由），**那么没有任何东西比拆散货币与财政政策间可怕的"婚姻关系"更紧迫的了**，长期以来，两者已在"偷情"，只是在"凯恩斯主义"经济学获胜之时，其关系才正式获得神圣认可。

　　关于"财政需要"对货币发行量的不幸影响，我们无须废话了。迄今为止发生的历次严重的通货膨胀，都是政府通过印钞机满足其"财政需要"的结果。即使是在相对稳定的时期，政府也不断要求中央银行压低利率以满足其"财政需要"，这些要求就已经造成了持续的麻烦：干扰了中央银行确保货币稳定的努力，

使它们的政策具有通货膨胀的偏好。人们常常对此只能以落伍的
金本位制度来予以制约。

在依赖特殊利益集团的民主制度下，
不可能有健全的国家货币

我认为，以下说法并非夸大其词：受政治控制，甚至面临严重
政治压力的中央银行，根本不可能以有利于市场秩序顺畅运转的方
式来管理货币发行量。健全的货币跟健全的法律一样，必须在不考
虑发钞者决策将对具体某个群体或个人所产生的影响的情况下进行
管理。我们可以设想，"仁慈的"独裁者可能不会理睬这些影响，
但没有一个依赖于形形色色特殊利益集团的民主政府敢这样做。将
货币发行量的控制权当作追求个别具体目标的工具，这摧毁了价格
机制驱使市场均衡的功能，而只有价格机制的力量才能让市场维持
井然有序的、持续不断的过程，只有在市场秩序中，个人才有充分
的机会使其预期得以实现。

政府对货币的垄断与政府开支

对于以财政考虑为导向的货币政策可能造成的危害，我们可
能已经说得够多了。我们需要予以考虑的是货币发行权对财政政
策的影响。正是由于没有竞争，使垄断的货币发行者不用遵守某
种有益的规则，于是货币发行的垄断权也使政府似乎没有必要将
其开支控制在财政收入水平内。在很大程度上，也正是这个原因

迅速地使"凯恩斯主义"经济学在社会主义经济学家中大受欢迎。事实上，经济学家们已告诉财政部的部长们，制造赤字是对社会有益的事情。经济学家们甚至说，只要还存在未被利用的资源，巨大的政府开支就不会花费人民一分钱，因而任何妨碍政府开支迅速增加的障碍都应该予以摧毁。

恐怕没有人会怀疑，正是由于政府控制了货币发行，才使过去30年来的政府开支能够出现如此惊人的增长，一些西方国家的政府公然要求拿出一半以上的国民收入用于集体目的。一方面，通货膨胀推动那些实际收入被给定了的人的所纳之税比其认可该通胀率时所预想的要高得多，因而政府财政收入增长速度比其曾设想的更快；另一方面，由于人们已习惯高额赤字，并且由于人们对预算数字可能被超出的幅度已满不在乎，于是政府可以进一步要求增加财政支出占实际产出的比重，以满足其目的。

政府货币与失衡的预算

要求政府在自然年度内平衡其预算，从某种意义上说，这是专断的，但沿用已久的企业会计惯例为其提供了很好的理由。企业收支在已知波动周期内应该定期做到平衡，这种惯例更支持了那个说法。如果能借其他安排防止重大的经济波动，那么常规的年度预算依然是需要实现平衡的最好期限。假定私人通货间竞争管理货币发行的做法确实不仅能确保货币价格稳定，也能确保商业环境稳定，那么断言政府要减少失业就需要赤字，就等于说，由政府控制货币是解决它所造成的问题所必需的条件。我们无法相信，对于稳定的货币来说，让政府支出超过收入怎么能是可取的？最重要的当然是让政府开支不要变成整体不稳定的起因，而不是让笨拙的政府机构（它几乎不太可能及时采取行动）利用货币手段来缓和经济活动减速。

人们的满不在乎使今天的财政部部长可以制定开支超出收入的预算，而实际开支又可以超出预算，由此创造出的全新财政模式，完全不同于过去精打细算的模式。而由于人们对此满不在乎，对一个又一个要求做出妥协让步，于是更激发出新的慷慨花钱的预期，这样的过程是自我加速的，就算此时有人真心希望避免它，那么它也已根本不可能被阻止了。任何人如果知道，要约束一个不受盈亏考虑控制的官僚机构不去持续扩张开支是多么困难，那么他也应该知道，若没有严格限制使用财政资金的壁垒，就不可能阻止政府开支的无限增长。

除非政府（和其他公共机构）能够认识到，若其开支超过收入，也会跟别人一样无法偿还其债务，否则便没有办法阻止政府开支的无限增长，而这种增长是让集体活动替代个人活动，最终必将窒息个人的创造性。在现行不受限制的民主制度下，政府拥有赏予各集团特殊物质利益的权力，于是它就被迫收买足够数量的支持，被迫加入多数派。即使政府具有这个世界上最好的意图，它也不可能抗拒这种压力，除非给它设置一个它不能逾越的明确界限。政府当然可能不得不偶尔向公众借钱以满足其未曾料及的需要，或选择以这种方式为某些投资项目筹集资金，但不管在何种情况下，通过增发货币来提供这种资金都是不可取的。在正增长的经济体中，向新增生产要素供应商提供其保持现金平衡所需的增发货币，以此让多发的货币进入流通中，也是不可取的。

政府对货币的控制权推动了集权

人们也不能怀疑，中央政府诉诸这种财政手段的能力也是政府不断集权的重要根源之一，而这种集权是最不可取的。没有任何东西比剥夺政府货币权更受欢迎，因为这样可以阻止政府在国民收入中的可支配比例快速增加的趋势，而目前这种趋势显然有点不可控了。如果听任其持续下去，那么用不了几年，我们就会生活在政府占有100%（在瑞典和英国已超过60%）资源的国家，从而成为名副其实的"全权主义"国家。[①]公共财政越是完全从货币流通量的管理中分离出来，效果就会越好。政府的货币权通常是一种有害的权力，将其用于财政目的则纯属滥用权力。政府既没有兴趣，也没有能力按照确保经济活动平稳进行的方向行使那种权力。

*

在整个历史上，政府无一例外、不可避免地肆意滥用这种权力，因而严重扰乱市场的自动调节机制，本文从一开始就基于这一事实而提出我们的建议：要剥夺政府发行货币的垄断权力，以及政府为解决现有债务难题而使任何货币成为"法币"的权力。事实可能会证明，如果能切断政府为其需要拧开货币供应龙头之手，那么对阻止不受限制的政府无限膨胀的趋势也具有同样重要

---

① 未被充分注意却令人忧心的情况是，人们普遍倾向于认为，政府养老金是唯一值得信赖的晚年保障，这仅仅是因为经验似乎已证明，政治上的权宜之计会迫使政府维持，甚至提高政府养老金的真实价值。

的价值，而这样的趋势正在威胁文明的前景，其威胁程度与货币之瘾一样大。只有在人们逐渐察觉到，他们必须以真金白银的税收（或自愿借贷）形式支付政府所花费的一切资金时，政府通过赏予特殊利益集团好处以收买多数人的支持，从而使有特殊利益的人的数量日渐增加的过程，才有可能告终。

**

22

转轨问题

对于广大民众来说，同时流通几种通货不过是向其提供了多种选择而已，他们不需要在货币的使用习惯方面做出任何改变。经验会逐渐教会他们如何通过转换货币改进自身处境。很快就会有银行为零售商提供恰当的换算设备，它将会使商家免除在管理或记账方面的种种麻烦。由于这些商家所使用的货币的发钞银行也乐于提供协助，所以这些商家可能会发现，其得到的服务比以前更好。在制造业、贸易和服务业领域学会充分利用这种新机会的优势，虽然可能需要耗费比较长的时间，但其商业运作模式不需要做出重大改变，也未必一定会遇到非常艰难的调整过程。

防止以前的垄断性通货急剧贬值

有两方面的活动会受到最深刻的影响，其习惯性做法和成规也得有一次近乎全面的革新，这就是公共财政和全部私人金融领域，包括银行业、保险业、住宅合作社、储蓄与抵押银行等。对于政府而言，除了要改变第 21 章提到的财政政策外，主要任务是采取措施保证现有中央银行所发的通货不会被迅速取代，以致加速贬值。或许只有通过立刻给予其完整的自由和独立性，使之与外国通货或本国中新的银行钞票处于同一起跑线上，才能实现上述目标。同时也要辅以如下政策：立刻回到保持预算平衡的政策，预算只能以政府能从其无法操纵的公开贷款市场上所借的资金为限。这些措施相当紧迫，这是因为，新通货取代此前享有垄断地位的通货的过程一旦开始，就会由于其加速贬值而一直加速进行下去，而正常收缩流通量的方法实在不可能阻止此过程。一旦公众决意将急剧贬值的通货兑换为其有理由相信将保持稳定的通货，而政府或前中央银行却都没有其他通货或黄金储备来赎回公众将要抛弃的旧货币。要让这样一种通货获得人们的信赖，唯有让发行那些通货的银行证明自己有能力以与之竞争的新发钞银行相同的方式管理该通货。

一次性而不是渐进地实行新制度

若想取得新秩序的成功，政府也必须做到，应一次性将一切自由权力交给市场，不要犹犹豫豫、谨小慎微，企图逐渐引入新秩序，或企图保留"新秩序出错时"保持控制的权力。若干发钞银行竞争的可能性和货币、资本跨境流动的充分自由对于这个方案的成功同样至关重要。任何企图通过**逐渐**放松现有发钞垄断权的犹豫不决的做法都必将使该方案失败。只有当人们确信新货币完全不受政府控制时，人们才会逐渐信赖它。只有当私人银行处于激烈的竞争环境中时，人们才会相信它们会保持其所发货币的稳定。只有当人们能够自由地根据不同用途选择不同通货时，淘汰过程才能使健全的货币脱颖而出。只有当通货交易所中的交易相当灵活时，发钞银行才不得不保持警惕，及时采取必要的行动。只有当边界线对货币和资本流动完全开放时，才能确保本地发钞银行不会合谋扰乱货币管理。只有当出现自由的商品市场时，稳定的平均价格才意味着调整供给以适应需求的过程将正常发挥作用。

商业银行应当改变其政策

如果政府能够成功地确保在现有通货不崩溃的情况下将发行货币的业务交到私人机构手里，则各家私营商业银行的主要问题就是决定自己是否尝试发行自己的通货，或选择使用其他银行发行的一种或多种通货作为未来开展本行业务的币种。大多数银行显然只能用其他银行所发行的货币来做生意。因而，它们将会开展某种"100% 准备的银行业务"，以保持充分的准备金，使其对全部债务能够见票即付。

这种要求可能是竞争性通货所必需的最广泛而深刻的商业惯例变革。可以推想，由于这些银行要为管理支票账户支付很高的费用，因而它们将会把这种业务大幅度地转交给发钞银行，自己仅管理流动性较低的那类资本性资产。

这种变化可能受审慎地转而使用自己所选择的货币的过程的影响，因而多少可能有点痛苦，但却不会引起无法处理的难题。淘汰掉那些实际上在创造货币却对其后果不担任何责任的银行，是过去100多年来某些经济学家**梦寐以求的**，这些学者察觉到我们陷入其中的那种机制内在的不稳定性，却通常看不出摆脱这种制度的出路。一种制度若已被事实证明跟部分准备金一样有害，每家银行对其创造的货币（即支票存款）不承担责任，那么当由政府垄断提供的使这些银行能生存下去的支柱被撤除时，它们不应该怨天尤人。当然，各家银行也不得不在纯粹银行业务与投资业务之间，或在人们经常所说的英国式银行与大陆式银行之间（德语曾一度用 Depositenbanken 和 Spekulationsbanken 两个词表述）形成更明确的分界。我想，这些银行很快就会发现，创造货币的业务不能与控制大量投资性资产，以及控制大量产业部门的业务同时并存。

当然，如果政府及获得其授权的银行没能成功地阻止其所发货币崩溃，则会引起一连串完全不同的难题。可能会出现这样一种情形，即银行可能无法发行其通货，这种担心是正当的，因为其大部分资产，即其放出的所有贷款会跟其大多数债务一样逐渐缩水。但这不过是意味着，高通胀威胁将始终存在，他人却可通过转用其他货币而避免，因而这种威胁对银行来说尤其严重。但是有些银行经常声称，它们基本上已成功使其资产安然度过急剧加速的通货膨胀。那些不知道该怎样应付的银行家或许应该向在处理这一难题方面有丰富经验的智利或其他地方的同行请教一番。不管怎样，废除目前这种不稳定结构是最重要的任务，为此，有些特殊利益集团的利益可能难免会被牺牲掉。

23

防范国家

　　尽管在我们提出的制度安排中，正常的货币发行将完全是私人企业的事，但危及其平稳正常运转的主要威胁仍然来自国家的干预。[①] 即使国际性的发钞业务能够基本上保护发钞银行不受直接政治压力的影响（尽管这一点会招来煽动家的攻击），但人们对于任何机构的信任在很大程度上仍取决于人们对该机构所在国家的政府是否信赖。为了消除人们对本机构效力于其所在国家的政治利益的猜疑，下面一点显然是很重要的：总部设在不同国家的发钞银行应彼此进行竞争。至少是能够确保在和平时期，人们最信赖的机构很可能是那些设立在富裕小国的机构，对于它们来说，国际业务是其重要的收入来源，因而人们相信它们会格外小心地

---

① 我在此之所以再次使用"国家"（state）一词，是因为大多数人在意欲强调这些公共活动的有益性质时普遍使用这个词。若有人向其指出，行动主体从来不是抽象的国家而总是具体的政府，那么这类政治机构必定会具有内在的、固有的缺陷，而大多数人立刻就会意识到其说法的空想性和不切实际性。

维护自己财务健全的声誉。

回归国家货币垄断的压力

很多国家可能会尝试通过补贴等措施保护设在本地，并发行某种自成体系的国家货币的银行，使此通货能跟国际性通货同时流通，即使其只能勉强维持。这时就存在某种危险，积极地致力于煽动反跨国公司的民族主义和国家主义力量将诱使政府通过对本国机构提供优惠待遇，从而逐步返回到现在实行的国家垄断货币发行的制度中。

政府将一再试图控制货币和资本流动

但主要的危险将在于，政府会一再企图控制货币和资本的跨国流动。这种权力目前不仅是对正常运转的国际经济最严重的威胁，也是对个人自由的严重威胁。只要政府仍有实施这种控制的实际权力，这种危险就依然存在。我们只能希望，人们将逐渐意识到对其个人自由的这种威胁，从而把完全禁止政府出台此类措施变成一条牢固树立的宪法条文。保证人民免于暴政的最后保障就是当政府不再遵守此条文时，起码会有一批能干的人移居他国。30 多年前我发表如下论说时，大多数英国人都觉得我的说法纯属杞人忧天、夸大其词，我觉得当我现在再重复这段话时，恐怕不会有几个英国人再那么想了：

　　能够说明经济控制对整个生活所施加的控制程度的最好例证，莫过于外汇领域。乍一看，再也没有任何东西比国家控制外汇交易对私人生活的影响更小的了，大多数人会对实施这种控制完全感到漠然。然而，大多数欧洲大陆国家的经验则让那些有头脑的人将这一步视为通往全权主义和压制个人自由的道路上迈出的决定性一步。事实上，它将个人完全交给国家的暴君，最终取消了一切逃离它的手段——不仅是对富人，也是对所有人。一旦个人不再能够自由旅行，不再能够自由购买外国书籍、报刊，一旦所有对外交流工具都仅限于赞成官方意见或被认为有必要的人享有，则该政府对意见的有效控制就要比17世纪和18世纪任何专制政府所能施加的都大。①

　　我们废除政府发行货币的垄断权，为的是确保个人自由，而要保障个人自由，除了要对过量增长的政府开支设置壁垒外，第二个根本性保障可能是国际事务的彼此缠绕，这种缠绕使政府越来越不可能控制国际间的货币流动，因而能保证持不同政见者有逃离其不以为然的政府压迫的能力。

---

① 参见 Hayek[28], p.69 注解。

24

长远前景

　　我们可以像对其他领域的竞争一样抱有一种希望：货币竞争也可能会发现货币制度领域中迄今不为人知的可能。这就使任何试图预言我们所提改革的长远效果的努力都要冒很大的风险，不过我们还是想简单讨论一下若实行这一制度可能会出现的长远景象。

　　我相信，一旦这种制度完全建立起来，竞争就会清除很多不成功的尝试，在这个可以自由进入的领域中会留下若干被广泛使用而又非常类似的通货。在各大区域，会有一两种通货取得优势地位，但这些区域间不存在截然不同的或永久性的边界。在不同区域中占据优势的通货，在其广阔的、不断变化的边界地区彼此交叉。大多数通货会以相近的商品组合为基础，在短期内，其彼此相对价值的浮动幅度会很小，很可能比今天最稳定的通货之间的浮动幅度还小，但可能会比基于真正的金本位制下的浮动幅度要大一些。如果作为这些通货基准的"一篮子"商品构成是根据其所流通地区的具体条件而定的，那么它们就会渐行渐远。然而，实际上，这些通货会逐渐**趋同**，不仅指其会同时流通，也指其价值的波动会彼此趋于一致。

在经历最初寻找最合适商品组合——通货价格将与其捆绑在一起——的尝试性过程后，未来的调整变动将会很罕见，幅度也不会太大。发钞银行间的竞争将使它们注意到，应避免以这些商品衡量的通货价值的（哪怕是很小的）波动，应注意向公众提供有关其活动信息的范围，并向其客户提供种种附加服务（比如提供会计方面的帮助）。幸存下来的政府银行发行的通货，会越来越多地收取国家发币机构发行的通货以外的其他通货，甚至会寻求用这样的通货来支付。

*

同一货币被多家机构发行的可能性

不过，也存在着一种可能性（possibility），甚至或然性（probability），而我在本书第一版中却没有考虑到。在基于"一篮子"商品的某种通货被广泛接受后，其他很多家银行可能会发行不同名字的通货，但其价值却基于已成功的第一家银行所使用的商品组合，其货币单位可能相同，也可能大一点或小一点。换句话说，竞争可能会使大量发钞银行广泛使用同样的商品基准，而这些银行将继续通过保持其钞票稳定性或提供其他服务而争取公众的青睐。那时，公众将接受好几种有不同名称（不过人们会将其称为比如说"苏黎世标准"），并以固定比率兑换的货币，商家可能会列出其准备接受的、体现这一标准的所有通货的清单。只要报刊能正确地发挥其监督功能，并及时向公众报道任何发钞银行的玩忽职守的行为，那么这样一套制度就可以令人满意地持续很长时间。

从便利性角度考虑，各银行可能也会采用某一标准单位，即不仅有同样的商品组合基础，其价值含量也相同。在这种情况下，大多数银行都可以在自己名号下发行基于这些标准单位的钞票，这些钞票将会在每家银行声誉所及之处被人们接受。

甚至在通货已丧失其价值时也需保留某种长期债务标准

由于能够得到至少是若干种稳定的通货，因此，使"法币"成为纯粹代用货币的荒唐做法注定将消失，这种法币可能已经毫无价值，却依然能用于清偿债务，而在订立合同时，这些债务还是具有相当价值的标的。导致这种荒唐结果完全是因为政府强迫人们在其订立合同时使用其所不愿使用的货币的权力。在废除政府发行货币的垄断权后，法院很快就会明白（我相信，成文法规也会承认），要维护正义，债务就必须用各方订立合同时想要使用的价值单位来偿付，而不是用政府强加给他们的货币来偿付（例外的情形则是，合同明文规定了代用货币的确切数量，而不是以一定数量的代用货币所表示的价值）。

这样，即使某种通货完全倒闭，也不会产生广泛的灾难性后果，而今天，类似事件却会导致这样的后果。尽管现金持有者（或以钞票形式，或以某种通货的活期存款形式）可能丧失其全部价值，但这与普遍价值缩水或以这种通货所标价的对于第三方全部索取权的抵消相比，这只能算是相对较小的混乱。长期合同的总体结构不会受到影响，如果人们不幸使用的是一家倒闭的银行所发行的通货，那么他们可能会丧失其全部现金，但仍将保有其债券投资、抵押权及类似的债权。债券及其他长期债权的投资组合可能依然是非常安全的投资项目。即使在碰巧遇上某些通货发行商破产，以及其钞票和存款变得毫无价值时，完全流动性资产仍会有风险，但谁会——也许在短暂时间内会例外——将其全部资产都换成具有很高流动性的形式呢？恐怕永远都不会发生债务的共同标准完全不复存在的事，也不会发生所有的货币性债务被一笔勾销的事——就好像发生持久的严重通货膨胀的最后结果一样。在这种情况发生之前，每个人都应该抛弃那种贬值的货币，从而不会再有债务用它来清偿。

**

关于银行业的新法律框架

政府不得通过任何企图加强控制的办法（严格意义的干预行为）来干预这一市场发育的过程，但这个市场可能需要新的法律规则来提供恰当的法律框架，从而使新的银行业务能成功出现。尽管如此，一旦这样一种规则被归入国际性条约而普遍适用，从而能够阻止其他制度安排的试验，那么这种做法是否还能推动新的银行业务的出现，就仍是颇有疑问的。

对于有些国家来说，其政府得花多长时间才不再尝试纯粹出于民族主义或国家声望的理由而搞出自己的一套货币，得用多长时间才不再抱怨其主权受到不正当约束，从而停止误导公众，这个问题还真不好说。^① 这套制度当然与追求任何类型的全能权力的努力不可调和。

---

① 当政府开始愿意以其发行的货币之外的其他货币收税之日，就是此新制度取得最后胜利之时。

25
结　论

我们设想，废除政府的货币垄断权，将能防止过去 60 多年中困扰整个世界的严重通胀与通缩的一次又一次发作。基于详尽的考察，我们证明了，它也是医治某种更根深蒂固的疾病的一剂猛药，即周期性萧条与失业，它曾被认为是资本主义内在的、致命的缺陷。

金本位制不是解决之道

我们可能会认为，回到金本位制或某种固定汇率制能阻止近年来出现的货币价值剧烈波动现象。我一直都认为，**只要货币管理权掌握在政府手中**，哪怕金本位制的缺点很多，也是唯一一种比较安全、可靠的制度。但我们当然能做得更好——即使完全不借助政府。当然，金本位制也存在严重的缺点，撇开这一无可否认的事实，反对这一运动的人士也可以正当地指出，由中央集中指挥货币发行数量，在目前的情况下，也是一种抵御现有信贷体系不稳定的必要手段。但一旦我们认识到，信贷的这种内在不稳定性正是银行存款业务的结构本身所致，此结构则是由政府对可交易货币发行的垄断性控制所决定的，其存款必须被兑付，因而上述反对理由其实根本就站不住脚。我们若要让自由企业和市场经济存活下去（想来即使是所谓的"混合经济"鼓吹者也有此愿望吧），那么我们别无选择，只能以私人发钞银行间的自由竞争取代政府对货币发行的垄断和国家性货币体系。我们从未让货币被控制在那样一些机构手中，它们**只有唯一的一个**关注点：向公众提供一种货币，这种货币是公众所能接受的最好的货币，而与此同时，其生存也完全取决于其能否满足公众对其形成的预期。

*

在多种货币自由竞争的环境中，金币很有可能最初是最受欢迎的。但恰恰这一点会导致人们对黄金需求的增加，从而使黄金价格上涨（也许还会急剧波动），因此，尽管黄金仍会被广泛用于财富储藏，但作为商业交易和记账单位，它很快就不那么便利了。当然，人们仍可自由地将它作为货币使用，但我想它恐怕不会战胜私人发行的其他形态的货币，而对于这些货币的需求，完全取决于其数量能否被成功地控制在维持其购买力恒定的水平上。

目前，黄金之所以比政府控制的纸币更受信赖，是因为黄金数量不可能受到随意操纵以用于追求政治目标，但从长远来看，同样的事实也会使黄金劣于竞争性机构所发的代用货币，而这些机构的生意取决于其能成功管理其发钞数量以保持其货币价值的大体平稳。

**

健全货币只能出于自利而非仁慈

我们之所以一直只能用到劣币，就是因为政府始终禁止私人企业向我们提供较好的货币。我们的政府是在有组织的利益集团的压力下进行治理的，因此，我们必须牢记一个重要事实：我们不能指望聪明或同情心，我们只能依靠纯粹的自利来为我们提供我们所需要的制度。只有当我们所期望的良币不再来自政府的仁慈，而是出自发钞银行对其自身利益的关注时，我们才可以真正进入"幸福时光"。

正是通过这种途径，我们彼此才能得到我们日常所需要的那些极大部分的物品。[1]

不幸的是，直到今日，还没有一种货币是我们可以指望和依靠的。

要为过去的周期性危机承担责任的不是"资本主义"而是政府干预。[2]政府一直禁止企业利用那些可用以保护其不受不可靠货币影响的交换媒介，这种媒介既能使其供应者有利可图，又能有益于其他所有人的发展。认识到这一事实后，我们就能明白，本书所提出的改革不是金融领域无足轻重的技术性改革，而是决定自由文明命运的重大问题。在我看来，本书所提供的方案是我们

---

[1] 参见 Adam Smith[54], p.26。

[2] 晚年的米塞斯曾一再阐述过这一主题，见 Ludwig von Mises[45–47]。

可以找到的唯一令市场秩序得以完善的途径，并可以将市场秩序从其主要缺陷和针对它的种种谴责中解救出来。

竞争性纸币是否可行

当然，在公众尚未理解有何利害以及可以得到什么好处之前，我们是不能指望这样的改革的。但那些认为我们的改革建议完全不切实际、纯属乌托邦的人应该记住，200 年前，亚当·斯密在《国富论》中写道：

> 期望贸易自由将在大不列颠完全得到恢复，确实跟期望在大不列颠建立大洋国或乌托邦一样荒唐。①

他的著作于 1776 年出版，过了将近 90 年，大不列颠才在 1860 年成为世界上第一个建立完整自由贸易的国家。但观念传播得更迅速，如果不是因为法国大革命和拿破仑战争引起的政治倒退，毫无疑问，贸易自由会更早地到来。直到 1819 年才有一个思想运动开始兴起，在这些问题上教育普通民众，而正是由于少数人士的忘我努力，由于其致力于传播有组织的自由贸易运动提出的要旨，最终，斯密所说的"那些惹起众怨、令人失望的垄断者

① 参见 Adam Smith [54]，p.471。在涉及现在所讨论的问题时，以这句话开始的这一整段非常值得仔细阅读。

肆无忌惮的行径"被制止了。①

*

我担心，"凯恩斯主义"宣传已深入群众，它让通货膨胀也成为光荣之事，并为煽动家提供了职业政治家无法反驳的论据，因此，避免我们被持续通胀驱向政府完全的控制和指挥，进而最终得以拯救文明的唯一办法是：剥夺政府在货币发行方面的权力。②

**

"自由货币运动"

我们需要的是一场相当于 19 世纪自由贸易运动的自由货币运

---

① 本书第一版的一位书评作者（John Porteous, New Statesman，1977 年 1 月 14 日）曾明智地评论道："政府将丧失对人们宗教信仰的控制权，这在 400 年前恐怕也是不可想象的。"

有人认为，我提出的"构建"种种全新货币制度的设想，与我自己的一般哲学看法相冲突。但以为我要设计一种新制度，则再也没有比这种说法更无稽的了。我所提出的不过是去除现有障碍，多少年来，这些障碍阻止了一个可取的货币制度的演进过程。我们的货币和银行体系是旨在增加其权力的政府强加种种有害约束的产物。这些制度当然不能说属于经尝试后发现的良好的制度，因为人们根本就不被允许进行尝试和选择。

为了论证要求给予此领域的发展以自由的呼声的正当性，我们需要解释在赋予这种自由后可能出现何种结果，但我们所能预测的必然是有限的。自由的一大好处就在于鼓励新的创造发明，因而就其本性而言是无法预测的。我相信演进的过程将会比我所能设想的更有创造性。尽管只有相当少的新观念能塑造社会的演进，但自由的体系与受管制的体系之间的区别就在于：在前者中，那些有更好想法的人将由于他人的模仿而决定该体系的发展；而在后者中，只有掌权者的想法和欲望控制演进进程。自由总会造成新的风险。我所能说的是，若由我来掌管我所珍爱的国家的命运，那我将很乐意在我现在所考虑的这个领域中冒这种风险。

② 最近的经验也表明，政府未来可能会发现其将面临国际性压力，迫使其实现有害于本国国民而有益于他国的货币政策，政府只有放弃其控制货币发行的权力和责任，才能摆脱这种压力。我们现在已处于这样一个阶段：已成功将本国通胀率降到 5% 以下的国家将会被另一些国家拖死，那些国家仍高昂地以每年 15% 的速度制造通货膨胀，并借以"通货再膨胀"的办法摆脱困境。

动，我们要向世人证明严重的通货膨胀所造成的损害。对此，有人可能会颇有道理地论证，借助现有制度就能避免通货膨胀及其造成的损害。然而，生产的周期性停滞导致的更深层次的恶果，确实都是现行货币制度具有的内在的根本缺陷。

只要通胀率稍微降低一点，对于目前通货膨胀的担心就会很快消散，我在写作本书时就能观察到这一点。我也不会怀疑，到本书出版后，人们又会有充分的理由重新变得忧心忡忡（除非局势更糟糕，而重新爆发的通货膨胀被价格控制掩盖），甚至那种已被启动的新通胀型繁荣也有可能会再次崩溃。但要想得出废除政府对货币控制的有害权力的结论，却需要穿透通货膨胀表面可见的后果，洞察其更深层次的危害。因而，我们面前摆着一项重大的教育使命，完成此任务后，我们才能期望将自己从现有货币制度危及社会和平和持续繁荣的最严峻威胁中解救出来。

*

这个问题及改革的迫切性有必要获得广泛理解。这个问题不像外行人乍看之下那样涉及的是一个其从来就不太明白、微不足道的金融体系技术细节问题。此处涉及的是，我们可以阻止所有政府不断滑向极权主义的一个办法——在很多敏锐的观察家看来，这已是不可避免的了。我希望我可以提议大家从容行事，但时间确实不等人。现在迫切需要的不是建构一种新制度，而是立刻取消一切法律障碍，200 多年以来，这些法律一直阻挡着一条本来能够给我们带来无法预料的有益结果的演进之路。

**

讨论题

1. 仔细考察人们长期信奉的观点：一国只应有一种货币，并应当由政府控制。举几个历史上不同时期的例子来说明这一点。

2. 法定货币的起源是什么？论证或反驳它是货币体系的基础的论点。

3. 给"货币"下定义。如何区分货币与非货币？论证或反驳"货币数量"概念，并将这一概念运用到货币"数量论"中。

4. 讨论这两种观点：政府控制货币是可取的，因为这样就可以根据该经济体的需要调整货币发行量；人们已经因为政府对货币的控制而对货币失去信心。

5. 历史证明，有时人们不信任"法定"纸币。那么，竞争性纸币的发行制度如何能维持公众的这种信任？

6. 要获得人们的信赖，纸币必须可以兑换成贵重物品或贵金属——你是否同意这种观点？讨论可实现兑换的条件，这种可兑换性在什么条件下不是很重要？

7. 讨论如下观点：如果货币数量不由政府控制，则很难或不可能发生通货膨胀和通货紧缩。结合 1929—1932 年的美国大萧条和 1972—1975 年的大通胀来说明你的答案。

8. 繁荣与衰退始终伴随着"资本主义"。在非资本主义经济中是否存在繁荣与衰退？其发生的根源是资本主义还是其他原因？

9. 一个屈从于或面临着严重党派压力的货币当局，从政治角度来看，不可能回避为了增加就业而增加货币发行量，因而不可避免会导致通货膨胀。仅有金本位制、固定汇率制及其他限制货币扩张的办法是不够的——讨论一下这一观点。

10. 你认为应该如何消除民族国家政府控制货币国际流动的权力？国际协定是否足以做到这一点？货币竞争是否更加有效？

纸币的溃败：1950—1975 年

国家	购买力下降（百分比）	生活成本上升（百分比）	自由市场（即"黑市"）的价值变动（百分比）*
智利	99	11 318 874	−99
乌拉圭	99	323 173	−99
阿根廷	99	196 675	−99
巴西	99	61 000	−99
玻利维亚	99	50 792	−99
韩国	99	37 935	−47
越南	99	n.a.	n.a.
巴拉圭	97	3 058	−86
冰岛	95	1 789	−91
以色列	94	1 684	−93
哥伦比亚	93	1 262	−91
土耳其	91	997	−77
秘鲁	90	907	−78
南斯拉夫	90	870	−75
加纳	85	587	−63
西班牙	82	466	−16

（续）

国家	购买力下降 （百分比）	生活成本上升 （百分比）	自由市场（即"黑市"） 的价值变动（百分比）*
墨西哥	80	404	−31
芬兰	79	374	+29
爱尔兰	78	363	−23
日本	78	362	+39
英国	78	345	−20
希腊	76	314	−51
法国	75	305	−13
丹麦	74	282	+56
葡萄牙	74	279	−26
印度	73	275	−41
挪威	73	272	+73
菲律宾	73	272	−59
伊朗	73	271	−22
苏丹	73	270	n,a.
厄瓜多尔	73	267	−29
新西兰	73	266	−19
澳大利亚	73	265	+30
瑞典	72	261	+38
缅甸	72	257	n,a.
意大利	72	253	−6
奥地利	71	243	+71
荷兰	68	216	+52
哥斯达黎加	67	207	−6
泰国	67	207	+4
南非	67	204	−16
叙利亚	66	191	−6

（续）

国家	购买力下降 （百分比）	生活成本上升 （百分比）	自由市场（即"黑市"） 的价值变动（百分比）*
突尼斯	62	160	n.a.
比利时	61	155	+26
加拿大	59	142	+3
多米尼加共和国	58	136	−22
瑞士	57	133	+63
美国	57	131	−75**
萨尔瓦多	57	130	−17
西德	53	115	+110
埃及	52	107	−41
斯里兰卡	51	103	−61
伊拉克	49	95	+11
马来西亚	47	87	+39
委内瑞拉	45	82	−22
危地马拉	44	77	−
巴拿马	40	66	−

资料来源：由作者和出版者许可，重印自 Franz Pick, *Pick's Currency Yearbook: 1976—1977 Edition*, Pick Publishing Corporation, New York, 1977。

　　* 相比于美元。

　　** 以黄金计价的贬值，依据 1975 年年底自由市场黄金价是每盎司 141 美元，1950 年官方价格为每盎司 35 美元计算得出。

参考文献

此参考文献包括本文正文中未明确提到的一些相关文献。

对于重印书或译作，方括号显示的是第一版或原作出版年份，页码则是书中所引的后来版本。

[1] Archibald Alison, *History of Europe*, vol. I, London, 1833.

[2] Joseph Aschheim and Y. S. Park, *Artificial Currency Units:The Formation of Functional Currency Areas*, Essays in International Finance, No.114, Princeton, 1976.

[3] Walter Bagehot, *Lombard Street* [1873], Kegan Paul, London, 1906.

[4] Paul Barth, *Die Philosophie der Geschichte als Soziologie*, 2nd edn., Leipzig, 1915.

[5] Jean Bodin, *The Six Books of a Commonweale* [1576], London, 1606.

[5a] Fernand Braudel, *Capitalism and the Material Life 1400–1800*[1967], London, 1973.

[6] S. P. Breckinridge, *Legal Tender,* University of Chicago Press, Chicago, 1903.

[7] C. Bresciani−Turroni, *The Economics of Inflation [1931],* Allen & Unwin, London, 1937.

[7a] Henry Phelps Brown and Sheila V. Hopkins, 'Seven Centuries of the Prices of Consumables, compared with Builders Wage−rates', *Economica,* November 1956.

[7b] Henry Phelps Brown and Sheila V. Hopkins, 'Builders' Wage−rates, Prices and Population: Some Further Evidence', *Economica,* February 1959.

[8] W. W. Carlile, *The Evolution of Modern Money,* Macmillan, London, 1901.

[9] H. Cernuschi, *Mecanique de l'echange,* Paris, 1865.

[10] H. Cernuschi, *Contre le billet de banques,* Paris, 1866.

[11] Carlo M. Cipolla, *Money, Prices and Civilization in the Mediterranean World: Fifth to Seventeenth Century,* Gordian Press, New York, 1967.

[12] Lauchlin Currie, *The Supply and Control of Money in the United States,* Harvard University Press, Cambridge, Mass., 1934.

[12a] Raymond de Roover, *Gresham on Foreign Exchanges,* Cambridge, Mass., 1949.

[13] C. H. Douglas, *Social Credit* [1924], Omnie Publications, Hawthorn, Calif., 1966.

[14] Otto Eckstein, 'Instability in the Private and Public Sector', *Swedish Journal of Economics,* 1973.

[15] Wilhelm Endemann, *Studien in der Romanisch−kanonistischen Rechtslehre,* vol. II, Berlin, 1887.

[16] A. E. Feaveryear, *The Pound Sterling,* Oxford University Press, London, 1931.

[17] Lord Farrer, *Studies in Currency*, London, 1898.

[17a] F. W. Fetter, 'Some Neglected Aspects of Gresham's Law', *Quarterly Journal of Economics,* XLVI, 1931/2.

[18] Stanley Fischer, 'The Demand for Index Bonds', *Journal of Political Economy,* 83/3, 1975.

[18a] Ferdinand Friedensburg, *Miinzkunde und Geldgeschichte des Mittelalters und der Neuzeit,* Munich and Berlin, 1926.

[19] Milton Friedman, 'Commodity Reserve Currency' [1951], in *Essays in Positive Economics*, University of Chicago Press, Chicago, 1953.

[20] Milton Friedman, *A Program for Monetary Stability*, Fordham University Press, New York, 1960.

[20a] Milton Friedman, 'The Quantity Theory of Money: A Restatement', in *Studies in the Quantity Theory of Money,* Chicago, 1956.

[20b] Milton Friedman, *Monetary Correction,* Occasional Paper 41, Institute of Economic Affairs, London, 1974.

[21] Josef Garnier, *Traité théorique et pratique du change et des operations de banque*, Paris, 1841.

[21a] Richard Gaettens, *Inflationen, Das Drama der Geldentwertungen vom Altertum bis zur Gegenwart*, Munich, 1955.

[22] Silvio Gesell, *The Natural Economic Order* [1916], Rev. Edn., Peter Owen, London, 1958.

[22a] Herbert Giersch, 'On the Desirable Degree of Flexibility of Exchange Rates', *Weltwirtschaftliches Archiv*, CIX, 1973.

[23] H. Grote, *Die Geldlehre*, Leipzig, 1865.

[23a] R. F. Harrod, *The Life of John Maynard Keynes*, London, 1951.

[24] F. A. Hayek, *Prices and Production,* Routledge, London, 1931.

[25] F. A. Hayek, *Monetary Theory and the Trade Cycle [1929],* Jonathan Cape, London, 1933.

[26] F. A. Hayek, 'Über "Neutrales Geld"', *Zeitschrift für Nationalökonomie* 4/5, 1933.

[27] F. A. Hayek, *Monetary Nationalism and International Stability,* The Graduate School of International Studies, Geneva, 1937.

[28] F. A. Hayek, *The Road to Serfdom,* Routledge, London and Chicago, 1944.

[29] F. A. Hayek, *The Constitution of Liberty,* Routledge & Kegan Paul, London and Chicago, 1960.

[30] F. A. Hayek, *Studies in Philosophy, Politics and Economics,* Routledge & Kegan Paul, London and Chicago, 1967.

[31] F. A. Hayek, *Choice in Currency*, Occasional Paper 48,Institute of Economic Affairs, London, 1976.

[31a] F. A. Hayek, *Law, Legislation and Liberty*, Routledge & Kegan Paul and the University of Chicago Press, London and Chicago, vol. I, 1973, vol. II, 1976, vol. III forthcoming.

[31b] Karl Helfferich, 'Die geschichtliche Entwicklung der Münzsysteme', *Jahrbücher für Nationalökonomie*, 3.f. IX(LXIV), 1895.

[32] Marianne von Herzfeld, 'Die Geschichte als Funktion der Geldwertbewegungen', *Archiv für Sozialwissenschaft und Sozialpolitik,* 56/3, 1926.

[33] J. R. Hicks, 'A Suggestion for Simplifying the Theory of Money', *Economica,* February 1935.

[34] W. S. Jevons, *Money and the Mechanism of Exchange,* Kegan Paul, London, 1875.

[34a] H. G. Johnson, *Essays in Monetary Economics [1967],* Second Edition, London, 1969.

[34b] H. G. Johnson, *Further Essays in Monetary Economics,* London, 1972.

[34c] H. G. Johnson and A. K. Swoboda (eds.), *The Economics of Common Currencies,* London, 1973.

[34d] Robert A. Jones, 'The Origin and Development of Media of Exchange', *Journal of Political Economy,* LXXXIV, 1976.

[35] Benjamin Klein, 'The Competitive Supply of Money', *Journal of Money, Credit and Banking,* VI, November 1975.

[35a] Benjamin Klein, 'Competing Moneys: Comment', *Journal of Money, Credit and Banking, 1975.*

[36] G. F. Knapp, *The State Theory of Money* [1905], Macmillan, London, 1924.

[37] Axel Leijonhufvud, *On Keynesian Economics and the Economics of Keynes,* Oxford University Press, New York and London, 1968.

[37a] Wilhelm Lexis,'Bermerkungen über Paralellgeld und Sortengeld', *Jahrbücher für Nationalökonomie,* 3.f.IX(LXIV), 1895.

[37b] Thelma Liesner & Mervyn A. King (eds.), *Indexing for Inflation,* London, 1975.

[37c] R. G. Lipsey, 'Does Money Always Depreciate?', *Lloyds Bank Review,* 58, October 1960.

[38] S. J. Loyd (later Lord Overstone), *Further Reflections on the State of the Currency and the Action of the Bank of England,* London, 1837.

[39] Fritz Machlup, 'Euro−Dollar Creation: A Mystery Story', *Banca Nazionale del Lavoro Quarterly Review,* 94, 1970, reprinted Princeton, December 1970.

[40] R. I. McKinnon, 'Optimum Currency Areas', *American Economic Review, 53/4, 1963.*

[41] F. A. Mann, *The Legal Aspects of Money,* 3rd Edition, Oxford University Press, London, 1971.

[42] Arthur W. Marget, *The Theory of Prices,* 2 vols., Prentice−Hall, New York and London, 1938 and 1942.

[42a] A. James Meigs, *Money Matters,* Harper & Row, New York, 1972.

[43] Carl Menger, *Principles of Economics* [1871], The Free Press, Glencoe, Ⅲ ., 1950.

[43a] Carl Menger, 'Geld' [1892], *Collected Works of Carl Menger,* ed. by the London School of Economics, London,1934.

[44] Henry Meulen, *Free Banking,* 2nd Edition, Macmillan, London, 1934.

[44a] Fritz W. Meyer and Alfred Schüller, *Spontane Ordnungen in der Geldwirtschaft und das Inflationsproblem,* Tübingen, 1976.

[45] Ludwig von Mises, *The Theory of Money and Credit [1912],* New Edition, Jonathan Cape, London, 1952.

[46] Ludwig von Mises, *Geldwertstabilisierung und Konjunkturpolitik, Jena, 1928.*

[47] Ludwig von Mises, *Human Action,* William Hodge, Edinburgh, 1949; Henry Regnery, Chicago, 1966.

[47a] E. Victor Morgan, *A History of Money* [1965], Penguin Books, Hardmondsworth, Rev. Edition, 1969.

[48] Robert A. Mundell, 'The International Equilibrium', *Kyklos,* 14, 1961.

[49] Robert A. Mundell, 'A Theory of Optimum Currency Areas', *American Economic Review,* 51, September 1963.

[49a] W. T. Newlyn, 'The Supply of Money and Its Content', *Economic Jounal,* LXXIV, 1964.

[50] Arthur Nussbaum, *Money in the Law, National and International,* Foundation Press, Brooklyn, 1950.

[50a] Karl Olivecrona, *The Problem of the Monetary Unit,* Stockholm, 1957.

[50b] Franz Pick and René Sédillot, *All the Moneys of the World. A Chronicle of Currency Values,* Pick Publishing Corporation, New York, 1971.

[50c] Henri Pirenne, *La civilisation occidentale au Moyen Âge du Milieu du XVe siècle,* Paris, 1933.

[51] H. Rittershausen, *Der Neubau des deutschen Kredit—Systems,* Berlin, 1932.

[51a] Herbert Rittmann, *Deutsche Geldgeschichte* 1484—1914, Munich, 1974.

[52] Murray N. Rothbard, *What has Government Done to Our Money?,* New Rev. Edition, Rampart College Publications, Santa Anna, Calif., 1974.

[53] Gasparo Scaruffi, *L'Alitinonfo per far ragione e concordandanza d'oro e d'argento,* Reggio, 1582.

[53a] W. A. Shaw, *The History of Currency* 1252—1894, London, 1894.

[54] Adam Smith, *An Inquiry into the Nature and Causes of the Wealth of Nations* [1776], Glasgow edition, Oxford University Press, London, 1976.

[55] Vera C. Smith, *Rationale of Central Banking,* P. S. King, London, 1936.

[56] Werner Sombart, *Der moderne Kapitalismus,* vol. II, 2nd Edition, Munich and Leipzig, 1916/17.

[57] Herbert Spencer, *Social Statics* [1850], Abridged and Rev. Edition, Williams &

Norgate, London, 1902.

[58] Wolfgang Stützel, *Über unsere Währungsverfassung,* Tübingen, 1975.

[58a] Brian Summers, 'Private Coinage in America', *The Freeman,* July 1976.

[58b] Earl A. Thompson, 'The Theory of Money and Income Consistent with Orthodox Value Theory', in P. A. Samuelson and G. Horwich (eds.), *Trade, Stability and Macro-economics. Essays in Honor of Lloyd Metzler,* Academic Press, New York and London, 1974.

[59] Gordon Tullock, 'Paper Money–A Cycle in Cathay', *Economic History Review,* IX/3, 1956.

[60] Gordon Tullock, 'Competing Moneys', *Money Credit and Banking,* 1976.

[61] Roland Vaubel, 'Plans for a European Parallel Currency and SDR Reform', *Weltwirtschaftliches Archiv,* 110/2, 1974.

[61a] Roland Vaubel, 'Freier Wettbewerb zwischen Währungen', *Wirtschaftsdienst,* August 1976.

[62] Willem Vissering, *On Chinese Currency. Coin and Paper Money,* Leiden, 1877.

[63] Knut Wicksell, *Geldzins und Güterpreise,* Jena, 1898.

[64] Knut Wicksell, *Vorlesungen über Nationalökonomie* [1922], English Edition, *Lectures on Political Economy,* vol. II: *Money,* Routledge, 1935.

[64a] Leland B. Yeager, 'Essential Properties of the Medium of Exchange', Kyklos, 21, 1968.

附录

*

货币的选择：终结通货膨胀之道[*]

货币、凯恩斯和历史[**]

我们目前面临的货币困境的主要根源，当然在于凯恩斯爵士与其门徒对以下古老迷信赋予了科学的权威：通过增加货币支出总量，我们可以一劳永逸地确保经济繁荣和充分就业。凯恩斯之前的经济学家曾在至少两个世纪中相当成功地抵御了这种迷信。[①]而在那之前，这种迷信一直占据主宰地位。事实上，漫长的历史基本上就是通货膨胀的历史。引人注目的是，唯有在繁荣的近代工业体系崛起和实行金本位制的时期——约有 200 年时间（英国

---

[*] Choice in Currency: A Way to Stop Inflation，IEA Occasional Paper No.48(1976)，The Institute of Economic Affairs，1976。本文基于 1975 年 9 月 25 日在瑞士洛桑举办的日内瓦黄金与货币研讨会上哈耶克发表的一篇题为《国际性货币》的致辞。

[**] 原演讲稿没有分节和文内小节，特此插入，以帮助读者，尤其是不熟悉哈耶克教授著作的非经济学家跟上其论证。——原编者注

[①] 哈耶克教授在本文所附《简评凯恩斯、贝弗里奇和凯恩斯主义经济学》一文中对这段评论予以扩充。——原编者注

是 1714—1914 年，美国是 1749—1939 年），其结束时的价格与开始时的价格大体相当。在唯一一段货币保持稳定的历史时期中，金本位制对货币当局施加了一种纪律约束，阻止其滥用权力，而在历史上的几乎所有时期，它们都在滥用权力。其他地方的历史经验似乎与此没有区别。有人曾说，中国的一部法律曾试图永远禁止纸币（当然没有取得成功），那时，欧洲人还根本没有发明出纸币呢！

凯恩斯主义复兴了老观念

正是约翰·梅纳德·凯恩斯，这位具有卓越智力但对经济学理论所知有限的人，却最终成功地复兴了一种观念——这种观念只有经济学界的怪人才会坚持，而他却对此类人公然表示同情。他竭力以新理论论证之前由很多从事实际工作的人所主张的直觉信念，从表面上来看，这种信念似乎颇有说服力，但却禁不起价格机制的严格分析：仅仅由于所有的劳动不可能有一个统一的价格，就可以推断出通过管理总需求不能确保劳动力的供给与需求在总量上相等。就业数量取决于经济中每个部门的供给与需求的对应，因而也取决于工资结构和需求在各部门的分布。其结果就是，在较长一段时间内，凯恩斯主义的药方不仅没有医治失业，反而使之更加恶化了。

这位著名公共人物、出色辩论家提出的发行廉价货币和永久防范严重失业的轻松办法征服了公众舆论，而在他去世后也征服了专业圈内的意见。约翰·希克斯爵士甚至曾提出，我们应把 20世纪的第三个 25 年，即 1950—1975 年这段时期称为"凯恩斯的

时代",就像第二个 25 年是"希特勒的时代"一样。^①我并不觉得
凯恩斯所造成的损害真有这种说法所形容的那么大。但只要他的
那些药方仍发挥影响,那它们确实就是一种正统教条,而任何反
对它们的努力都将无功而返。

个人的退让

我经常责备自己在花费了大量时间和精力对凯恩斯理论框架
的最初版本提出批评之后,却放弃了那场斗争。就在我对其批评
的第二部分发表后,他告诉我说,他已改变了自己的主意,不再
相信他在 1930 年的《货币论》(*Treatise on Money*)中所说的东
西了(而照我看来,他这样说对自己多少有点不公平,因为我一
直相信,《货币论》第二卷包含着他写过的最好的一些东西)。不
管怎样,我当时觉得,再去批评已无意义,因为他自己可能又改
变想法了。而事实证明,那个新版本,即 1936 年的《通论》,征
服了经济学圈内大多数人的思想,最终连我最尊重的一些同事也
转而支持完全是凯恩斯主义的布雷顿森林体系,而我基本上被排
挤在这场争论之外(不过我相信,英国许多最出色的经济学家对
布雷顿森林体系的支持,在很大程度上是出于让其误入歧途的爱
国精神,他们只是希望这种体系能在战后的艰难时期有益于英国,
他们并不真的相信这种体系能提供令人满意的国际货币秩序)。

---

① John Hicks. *The Crisis in Keynesian Economics*. Oxford University Press, 1974, p.1。

失业的祸首

36 年前，我就最关键的分歧这样写道：

我们也许可以说，下面一点当然是无可否认的：货币扩张可以迅速增加就业，可以在最短的时间内实现充分就业——更不要说那些观点受亲身经历的一次严重的通货膨胀影响的经济学家了。我们所能争辩的是，任何借助这种方式获得的充分就业都是内在的、不稳定的。用这种方式来创造就业机会必将使波动永久化。可能确实存在这样的局势：需要不惜一切代价增加就业，哪怕这种就业机会只能维持很短的时间——布吕宁博士（Dr. Brüning）发现 1932 年的德国就是这样，因而使用那种手段是正当的。但经济学家不应掩饰如下事实：企图依靠货币政策在短期内实现就业最大化，这在本质上是亡命之徒的政策，因而只能换取短暂的喘息之机，对其有百害而无一利。[①]

对此，我现在想补充一句，以回应政客们长期以来对我的观点的刻意曲解，他们似乎想把我描绘为让保守党派感到害怕的妖怪，我要说的是我经常强调的一点，而我在 9 个月前的斯德哥尔摩诺贝尔奖纪念演讲中也说过一遍：

---

① F. A. Hayek, *Profits, Interest and Investment*, Routledge & Kegan Paul, London, 1939, p.63。

事实的真相是，由于某种错误的理论观点，我们被诱惑着走入某种危险境地，我们无法阻止严重失业的再度出现：不是因为政府刻意制造出这种失业以抑制通货膨胀（而人们有时会这样曲解我的观点），而是因为一旦通货膨胀不再加速，则作为过去的错误政策的一个非常令人痛心但又不可避免的结果，失业必然会出现。[①]

"充分就业政策"导致的失业

由所谓的"充分就业政策"导致这种失业，是一个复杂的过程。从根本上说，这个过程是通过需求配置的临时变化而发挥作用的，即将没有工作和有工作的工人吸引到某些岗位上，而在通货膨胀结束时，这些岗位将不复存在。在 1914 年以前周期性重复出现的危机中，繁荣期中的信用扩张在很大程度上变成了工业投资，过度发展及随之而来的失业主要发生在生产资本设备（capital equipment）的行业。而过去几十年是人为地操纵通货膨胀，这种事情则变得更为复杂。

19 世纪 20 年代初期的一个现象可以很好地说明，在严重的通货膨胀时期会发生什么样的情形，我在维也纳的很多同代人都曾见证过这一点：在这座城市，很多设在最好地段的著名咖啡馆，被新银行分支机构挤跑，但在"稳定化危机"后，它们又搬了回来，此时银行已收缩或倒闭，成千上万的银行职员加入了失业大

---

① F. A. Hayek, The Pretence of Knowledge, *Nobel Memorial Prize Lecture 1974*，reprinted in Full Employment at Any Price? Occassonal Paper 45, IEA, 1975, p.37。

军的行列。

留下来的一代人

今天，由于过去几年的经济状况，已经使支撑充分就业政策背后的整个理论彻底丧失了信誉。结果经济学家们也开始发现其中致命的知识缺陷，而他们本应该早就看出来的。但我担心，这种理论仍将继续给我们带来很多麻烦：它已经给我们留下了一整代这样的经济学家（除了这种理论，他们什么都不知道）。我们的主要难题之一就是保护我们的货币不受这些经济学家误导，他们还会继续开出其江湖郎中的药方，而这些药方的短期效力仍会继续使他们获得青睐。在一些盲目的教条主义者中间，这种药方仍大受欢迎，他们仍相信这些经济学家掌握着救命钥匙。

1863 年的便士

因此，尽管凯恩斯主义理论的知识声誉正在迅速跌落的事实已不容否认，但它仍会严重地威胁我们实行一种明智的货币政策的可能性。人们也始终没有充分认识到凯恩斯主义已经导致了多么严重且无法挽回的损失，尤其是在其发源地英国。一度指导英国货币政策的那种注重财政信誉的原则，被迅速地抛在脑后。短短几年时间，英国从被人模仿的楷模堕落成了整个世界的反面教材。最近发生的一件有趣的小事让我对这种堕落有了切身体会：我在我的书桌抽屉里发现一枚铸造于 1863 年的英国便士，大概 12 年前，也就是在这枚硬币诞生正好 100 年后，伦敦的一位公共汽车司机把它找给我，我将其带回德国，用以向学生们说明，长期的币值稳定是什么意思。但如果我现在说英国是币值稳定的范例，那么他们都会当着我的面大笑起来。

政治控制货币的缺陷

一位明智的人应该能够预料到，在英格兰银行实行国有化之后不过 30 年的时间里，英国货币的购买力将会下降到不足国有化初期的四分之一。在任何地方实行这样的政策，迟早都会导致同样的结果，政府控制货币发行数量再次被证明是极其危险的。我并不怀疑，一个非常明智的、完全独立的国家或国际性货币当局，可以比国际性金本位制或其他形式的自动机制做得更好。但我看不出，政府或任何屈从于政治压力的机构有任何希望能够以这样的方式行事。

集团利益是有害的

我在这方面从不抱幻想，但我必须承认，在自己漫长的一生中，我对政府的看法越来越坏：政府越是根据某种理论行动（区别于仅仅遵守某种固有规则），其所带来的危害就越多，因为一旦人们知道政府可以实现个别目标（而非仅维护自我矫正的自发秩序），政府就再也不能躲开党派利益的纠缠了。有组织的利益集团的一切要求几乎无一例外都是有害的，只有其在抗议政府为其他集团利益而对其施加限制时所发出的呼吁可以除外。至少在某些国家，管理政府事务的大多数公务员是聪颖之士，是善良、诚实、正直的人物，但这一事实并不能让我放心。问题的关键在于，若政府想在现行的政治秩序中保住执政地位就别无选择，它只能用其权力服务于特殊利益集团，而强大的利益总想得到额外的金钱以满足其额外的开支。通货膨胀尽管从总体来看是有害的，但总是有一些集团——包括具有集体主义倾向的政府主要想收买的一些集团——会在短期内从通货膨胀中得到相当多的好处，即使是得经历一定时期内的收入下降、忍饥受饿也在所不辞，因为人的本性使其相信，只要他们能度过这种紧急状态，收入下降就是临时的。

重建抵制通货膨胀的防线

发行更多、更廉价的货币的要求是一股由来已久的政治压力，货币当局对此是无法抵抗的，除非它们能令人信服地诉诸某种绝对障碍，使其根本不可能满足那些要求。而当这些利益集团诉诸圣梅纳德①那越来越辨认不清的画像时，那些要求就更加无法抗拒了。因此，最紧迫的问题莫过于建立一道新防线，以抵御种种流行的凯恩斯主义理论的袭击。也就是说，要修复或者说恢复在其理论影响下曾被系统摧毁的约束机制。金本位制，平衡预算，赤字国家必须收缩其货币流通量，对"国际流动性"的供应施加限制等措施，其功能在于使货币当局不可能屈从于发行更多货币的压力。也正是因此，防范通货膨胀的所有保障机制——使代议制政府可抵制强大压力的集团要求发行更多货币的呼吁的机制——在某些经济学家的唆使下被废除了。这些经济学家设想，只要把政府从这些僵硬规则的羁绊中解放出来，政府就能明智地为实现

---

① 指凯恩斯。——译者注

普遍利益而制定政策。

我不相信，我们现在能够通过创建某种新的国际货币秩序来矫正这种局面，不管是新的国际货币管理当局还是机构，甚至是采取某种特定机制或政策体系，如古典的金本位制的国际协定，都无法达到上述目标。我相当确信下面一点：当下任何试图通过国际协定重建金本位制的努力都将在很短的时间内失败，这只能使国际性金本位制的理念在更长的时间内声名扫地。实行金本位制要求公众普遍相信，为了保持合理币值稳定，有时需要采取某些可能有损公众短期利益的措施。若公众没有这样的信念，我们就不要指望有权决定货币数量的当局会始终如一地抵抗发行廉价货币的压力或诱惑。

保护货币不受政治侵扰

政客们信奉修正了的凯恩斯定理：从长远来看，我们都要下台的，[①] 因此他们才不管治愈失业的短期成功是否必将导致未来更多的失业。因为因此而受指责的不会是制造了这些失业的政客，而是后来那些试图停止这种失业的政治家。民主制设置的最危险的陷阱莫过于此。因为在民主制中，政府被迫按照人民认为是正确的信念采取行动。因此，我们获得稳定货币的唯一希望确实在于，现在就要找到保护货币免受政治侵扰的办法。

事实上，除了实行金本位制的200年之外，历史上一切政府都利用其发行货币的专有权诈欺和掠夺人民。有人相信，只要人民别

---

① 凯恩斯曾有句名言：从长远来看，我们都要死的。哈耶克曾多次提及。——译者注

无选择，只能使用其政府发行的货币，政府就会比较可信，然而，再也没有比这种愿望更无根据的了。现行政府体制号称是按多数人的看法行动的，在现实中，在此体制下，有一定规模的利益集团可以创造出政府必须采取某些行动的"政治必要性"，他们可以威胁撤回选票，而只有依靠其选票，政府才能获得多数支持，因此我们不能将某些危险工具委托给它。幸运的是，我们不必担心——我也希望不会出现这样的局面——政府会发动一次战争来讨好某些对政府来说不可或缺的支持战争的利益集团，但把货币这一工具交给政客来撞大运，当然也太危险了——其实似乎是交给了经济学家。

危险的垄断权

真正危险的，因而应予以取消的，不是政府发行货币的权利，而是政府发行货币的独家专有权利，政府强迫人民以固定价格使用和接受它的权力。这种政府的垄断与邮政垄断一样，最初出现时绝不是为了给人民带来好处，而完全是为了增进政府的强制性权力。我怀疑，除了对统治者及其亲信之外，这种垄断权是否给人民带来过任何好处。有人相信，相比于政府无此专有权时我们所能得到的货币，政府赐给我们的货币要安全可靠得多，但全部历史事实都与此信念相反。

合同支付时的货币选择

那么，我们为什么不让人自由选择其愿意使用的货币呢？我所说的"人"是指个人，他们应有权决定自己是用法郎、英镑、美元还是用德国马克或金盎司进行买卖。我不反对政府发行货币，但我相信，其垄断权，或其限制在其疆域内以其他货币订立合同的权力，或决定各种货币兑换比率的权力，都是完全有害的。

目前，对于欧洲经济共同体各成员国或大西洋共同体各国来说，我们所能期望于各国政府的最好的事情是，它们互相约束自己，不对在其境内自由使用对方或他国货币施加任何限制，包括不限制人们用当事各方同意的任何货币进行购、销，也不对以他国货币作为记账单位施加限制。在我看来，欧洲在目前所应追求的既可行也更可期待的目标正是这种制度，而不是乌托邦的欧洲货币单位。为了使这种方案有效运转，重要的一点是，也要规定一国银行可自由地在他国建立分支机构。下面我将阐述其理由。

政府与法币

对于所有那些信奉"法币"概念的人来说，这种建议乍一看似乎很荒唐。法律规定一种货币为合法货币，难道不是至关重要的吗？然而，这种信念只在一定程度上是正确的，即只要政府发行了货币，它也就肯定会说，在清偿以此货币发生的债务时必须接受何种货币。它也必然要规定，可以以何种方式清偿某些非合同法律义务，如纳税或损害赔偿和侵权赔偿。但政府却未解释清楚，人们为何不能自由地以其所选择的货币订立合同，包括进行日常购销活动，或者为何他们有义务只能以某一种货币销售货物。

对于政府滥用货币所能施加的最有效制约，莫过于人们可以自由地拒绝接受其所不信赖的货币，而随意使用其所信赖的货币。

而能使政府保证其所发货币保持币值稳定的最强有力的机制莫过于使其认识到，只要政府将其货币发行量控制在需求量之下，则对其需求就会趋于增长。因而，让我们剥夺政府（或其货币当局）保护其货币不受竞争冲击的一切权力：若其无法继续掩饰其货币正在贬值的真相，它们就将不得不限制其发行量。

很多读者的第一反应可能是问，实行这种制度的结果是不是像那条古老的法则所说，劣币将驱逐良币？然而，这是对所谓"格雷欣法则"的错误理解。其实，关于货币机制的最古老洞见之一，早在2 400年前，古希腊剧作家阿里斯托芬就在其喜剧中说过：政客跟铸币一样，因为劣者会驱逐良者。① 然而，甚至到今天都显然未被人们普遍理解的事实真相是，只有当良币和劣币须以强制规定的比率兑换时，格雷欣法则才会发挥作用。在人们可以自由地以双方同意的比率兑换不同货币时，情形恰好相反。在严重的通货膨胀时期，我们经常可以看到，即使政府出台了最严厉的惩罚措施，也无法阻止人们使用其他货币，人们宁可使用雪茄、白兰地这样的商品，也

---

① Aristophanes, *Frogs*, 891–898，见 Frere 的译文：

> 在官府选人时，在选择普遍使用的货币时，
> 我们经常看到同样的滥用权力现象。
> 我们古老而普遍被使用的硬币，
> 在希腊各国及整个世界被人珍重、获得支持并被广泛使用的东西，
> 在所有王国都获得认可，被打上可信的标记、做过成色化验，
> 在我们这里却遭到拒绝，被弃若敝屣；
> 在他们的城市通行的是，
> 一种无耻的掺了假的货币，成色不纯，假冒伪劣，毫无价值。

大约也是在这个时期，哲学家戴奥真尼斯曾说，货币是"立法者的掷骰子游戏"。

不用政府的货币，在此，显然是<u>良币驱逐劣币</u>。[1]

自由货币体系的好处

只要这种制度合法化，那么一旦国家货币出现显著贬值，人们就会很快拒绝使用这种货币，他们将会用其信任的货币进行交易，尤其是雇员将会发现，在集体签订的协议中，要求雇主用其信任并能作为理性计算基础的某种货币发放工资，而非根据预期的价格上涨幅度来发放工资，更符合其利益。这将剥夺政府让其所发货币贬值以抵消工资提高及其所致失业的权力。这也会防止雇主在工资谈判中随意让步，因为他们总是心存侥幸：即使其承诺的工资上涨幅度超出其支付能力，国家货币当局也会拉他们一把。

我们没有理由担心这种制度安排对那些既不知如何应付，也不知如何辨识稀奇古怪的货币的普通人的影响。只要商家知道，他们可按照实时兑换率迅速将某种货币兑换成其所喜欢的任何货币，他们就会乐意以任何货币标价的恰当价格出售其货物。而如果只有以政府所发行货币标价的商品价格上涨，则政府的胡作非为就会在短得多的时间内暴露无遗，人们很快会要求政府对其所发行的货币——他们以此货币向政府付款——的价值负起责任来。电子计算器将很快被人们到处使用，可以很快以实时兑换率算出一种货币可兑换成多少其他货币。而除非政府对其所发行的货币管理得确实极为糟糕，否则它仍将有可能被用于日常的零售

---

[1]　在第一次世界大战后的德国大通胀时期，人们开始在市场上使用美元和其他货币，当时一位荷兰的金融家（若我没有记错的话是 Vissering 先生）曾指出格雷欣法则是错误的，相反的说法才是正确的。

与交易中。对各种货币影响最大的与其说是日常支付中不同货币的使用量，不如说是人们持有不同货币的意愿。所有的生意和资本交易会迅速转向使用更可靠的本位（并以它作为核算和会计的标准），主要是这种趋势将迫使政府将其货币政策保持在正确的轨道上。

长期的货币稳定

最后的结果可能是，那些人们相信努力追求负责任的货币政策的国家的货币，将逐渐取代那些货币当局行事不太可靠的国家的货币。财务健全的声誉将成为货币发行者小心呵护的资产，因为它们知道，哪怕是稍微偏离一下诚实的原则，社会也会减少对其货币的需求。

我不认为我们有理由担心，各发钞银行为了成为最受人欢迎的货币而展开的这样一种竞争会引发某种通货紧缩或货币价值上涨的趋势。人们恐怕不会乐意以其预计将会升值的货币借贷或发生债务，就好像他们不喜欢以某种预计将会贬值的货币放贷一样。如果人们预期一种货币会保持大致稳定的价值，则这种货币用起来显然是非常便利的。如果政府及其他货币发行者必须要为了争取人们持有其货币和以其货币订立长期合同而展开竞争，那么它们就必须让人们相信，它们所发货币的币值将保持长期稳定。

被人普遍珍视的东西

我无法肯定的一点是，在如此竞相表现可靠性的竞争中，政府发行的货币是否会胜出，或者说，多数人是否不会青睐诸如金盎司这样的货币单位？假如人们获得决定使用何种货币为其本位和普遍的交换媒介的自由，黄金并不是不可能重获其作为"所有国家、所有文化、所有时代被人普遍珍重的东西"的地位的。雅各布·布罗诺斯基最近在其杰作《人的进步》①中如是说："不管怎样，在这种情况下，黄金恢复其地位的可能也要大于其在任何有组织地致力于恢复该制度的努力中取得成功的可能。"

为了使其完整地付诸实施，自由的国际货币市场为什么应该扩展到银行服务领域？其理由是，今天，那些可开具支票的银行存款是大多数人拥有的流动性资产中的一个最大的组成部分。即使在实行金本位制的 100 多年中，这种局面也越来越严重地妨碍黄金成为完整意义上的国际货币，因为黄金在一国流入或流出都需要数量大得多的国内的信用货币上层结构的相应扩张或收缩，但其后果却不加区别地落在整个经济体系上，而并非仅仅增加或减少对实现进出口新平衡而需要的商品的需求。若能形成名副其实的国际银行体系，那么货币就可以直接被转移，而不至于出现信用结构二次收缩或扩张的有害过程。

这种制度安排也能对政府施加最有效的纪律约束，因为它们可以立刻感受到其政策对本国投资的吸引力的影响。我刚读到250 多年前英国辉格党人写的一本小册子："谁愿意在一个专断的国家开办银行？或者将他的钱信托于该国？"② 很偶然地，我从

---

① Jacob Bronowski, *The Ascent of Man*, BBC Publications, London, 1973。

② Thomas Gordon and John Trenchard, *The Cato Letters*. 分别注明写于 1722 年 5 月 12 日和 1721 年 2 月 3 日的信，见 1724 年及其后由伦敦出版的全集。

这本小册子中得知，就在其出版前 50 多年，一位法国大银行家
让·巴普蒂斯特·塔弗尼埃（Jean Baptist Tavenier）将其长期在
整个世界冒险得来的全部财富投资到作者所说的"贫瘠荒芜的瑞
士庇护所中"。法国国王路易十四问他为什么要这样做，他鼓起
勇气对国王说："他希望能保住那些属于他的财富！"显然，瑞
士奠定其繁荣基础的时间要比人们公认的早得多。

货币自由交易优于货币联盟

我之所以青睐放开一切货币交易，反对任何形式的货币联盟，
也是因为后者要求建立一个国际货币管理当局，而我相信这种管
理当局既是不可行的，也是不理想的，它不可能比民族国家的货
币管理当局更值得信赖。在我看来，在人们普遍不愿将主权或至
少是管理权转让给任何国际管理当局的倾向中包含着某种非常健
全、合理的因素。我们所需要的不是拥有发号施令权力的国际性
管理当局，而仅仅是一个国际性社团（或者毋宁说是得到有效执
行的国际条约），它能禁止一国政府伤害其他民族。若能有效禁止
对不同货币（或货币的索取权）进行交易（及为人们持有）施加
任何限制，就有可能废除全部关税或妨碍货物与人员流动的一切
障碍，这将确保建成真正的自由贸易区或共同市场，这一制度在
那些致力于追求这些目标的国家中创造的信任会超过任何其他制
度安排。现在则迫切需要击退货币民族主义，早在 40 年前，我就
曾批评过这种现象，[1] 而当其正在演变成货币集体主义时，则变得

---

[1] 'Monetary Nationalism and International Stability', Longmans, London, 1937。

更为危险——这两种观念之间有着密切的关系。有朝一日，人们会把完全自由地采用自己喜欢的货币视为自由国家的基本标志，我希望这一天不是太遥远。[①]

你们可能觉得，我的建议等于废除了货币政策，你们的想法并无大错。在别的场合我已得出过结论：国家在货币方面所能做的最好事情是提供一种法律规则框架，人们可以在其中发展出最能适合自己所需的货币制度。在我看来，只要我们禁止政府操纵货币，我们所能得到的好处就会超过任何政府在这方面所能带给我们的好处。私人企业总是能够更上一层楼的。

附：简评凯恩斯、贝弗里奇和凯恩斯主义经济学

我总觉得凯恩斯爵士是一位新的约翰·劳（John Law）。[②] 跟劳一样，凯恩斯也是一位财政天才，他对货币理论确有某些贡献（除了对决定货币价值的因素的有趣、原创性讨论外，劳还第一次对下列现象给出令人满意的解释：一旦一种商品被广泛用作交换媒介，接受它的人数就会加速增长）。但凯恩斯却从未让自己摆脱以下流行的错误信念，即劳所说的："由于额外货币能让闲人有活

---

① 乍一看，我在这里提出的建议可能跟我一向支持目前制度下固定汇率制的说法有冲突。不过，情况当然并非如此。在我看来，只要民族国家政府拥有在其疆域内发行货币的垄断权，则固定汇率就是必要的，因为它可对这些政府施加极为必要的约束。但在政府不得不与其疆域内其他货币展开平等竞争而为其施加约束时，固定汇率当然就不是必要的了。

② 约翰·劳是英国经济学家、财政金融家，曾为法国制定开发美洲法属领地的"密西西比计划"，在巴黎创办银行，发行纸币，著有《论货币与贸易》。——译者注

可干，能使已就业的人赚得更多，因而产出将会增加，工业会更繁荣。"①

与此观点相反，理查德·康替龙（Richard Cantillon）和休谟则开启了现代货币理论的发展，尤其是休谟阐述了这一问题的关键所在。休谟说，在通货膨胀过程中，"只有在获得货币与价格上涨的间隙或转换阶段，黄金或白银数量的增加才会有益于工业"。②在凯恩斯主义潮流之后，我们又不得不再次进行这样的研究。

但从某种意义上说，过多指责凯恩斯爵士让其为他身后的理论发展承担责任，其实有点不公正。我确信，他若尚在人世，将是反对通货膨胀的旗手——不管他以前说过什么。而凯恩斯主义理论的发展，至少在英国，主要是由以贝弗里奇爵士的名义出版的著作决定（由于他本人对经济学一无所知，所以他的科学顾问必须对此承担责任）。

我一直指责凯恩斯爵士在经济学方面的知识多少有些欠缺，但经常被指出的是他在国际贸易理论方面的看法的缺陷。而在我看来，最清楚的证据是他为驳斥这些理论而提出——大概是相当真诚地提出的其他滑稽而荒唐的理论。

---

① John Law, *Money and Trade Considered with a Proposal for Supplying the Nations with Money*, W. Lewis, London, 1705. *A Collection of Scarce and Valuable Tracts* (the Somers Collection of Tracts, (Vol. XIII), John Murray, London, 1815. 在 Law 的小册子的 812 页中，有这样一段话："但由于这种新增货币将会雇用那些现在闲置的人，而现在有工作的人会得到更多收益，因为产量将会提高，产品将会改进。"——原编者注

② David Hume, *On Money* (Essay III)。

自由市场的货币体系[*]

　　大约在两年多以前，在洛桑举行的第二届黄金与货币研讨会上，我提出：我们恐怕永远不能指望得到一种健全的货币了，除非我们剥夺政府发行货币的垄断权，将其交给私人。当时我对这种说法没太当真。然而事实证明，这是一个很有启发性的想法。自那之后，我经过研究发现，我已开启一种可能性，而在两千年中，从没有经济学家研究过这种可能性。自那之后，有很多人接受了这种想法，我们投入了很多精力研究、分析这种可能性。结果，我比以前任何时候都确信：如果说我们的确有可能得到健全的货币，那么肯定不是来自政府。它将由私人企业发行，因为向公众提供其能信赖、愿意使用的健全货币，不仅是一桩极为有利可图的生意，而且这种制度也能对发钞者施加一种纪律约束，而

---

* A Free-Market Monetary System，是作者于 1977 年 11 月 10 日在美国新奥尔良举行的黄金与货币研讨会上发表的演讲，后发表于 *Journal of Libertarian Studies*, vol.3, no.1(spring 1979)，pp.1–8。

政府从来不会受到这种约束，也从来不会受其约束。这样一桩生意，只有在发钞者能向公众提供不劣于别人的货币时才能保住。那么，在充分弄清这一点之后，我们就必须将我们从那种流传久远但根本上是错误的信念中解放出来。在金本位制或其他金属本位制的情况下，货币价值其实不来自黄金。事实的真相是，人们会用发钞者所发货币赎回黄金的可能性不过是对发钞者施加一种约束而已，这能迫使其将货币发行数量控制在适当的水平。我认为，在金本位制下，我们说用作货币的黄金的需求量决定黄金的价值，与普通人相信的用于其他用途的黄金决定黄金的价值，这两种说法其实是同样正确的。金本位制只是在我们尚未找到更加适用于约束政府的规则时才勉强使用的办法而已，而政府只有在迫不得已时才会理性地行动。

我想，我对下面一点已确信无疑：重新对政府施加这种纪律约束恐怕是没指望了。公众基本都相信，我怀疑整整一代经济学家也一直被教导说，政府有能力在短期内靠增加货币发行数量缓解种种经济不幸，尤其是减少失业。不幸的是，这只有从短期看才是正确的。而事实的真相是，这样一种似有短期益处的货币数量扩张，从长期来看却是更严重的失业之源。但对于政客来说，如果在短期内能够收买民众，并得到他们的支持，那么他们才不会管长远的事呢。

我相信，指望回到那种曾在很长时间里基本正常运转的金本位制，恐怕是徒劳的。即使通过某些国际条约重新实行金本位制，恐怕也不能指望各国政府按照那些规则玩游戏。金本位制不是我们单靠立法就能恢复的。金本位制需要政府始终遵守某些规则，其中包括有时限制货币总流通量，而这会引起某地或某国的经济衰退。今天，没有一个政府会这样做，因为现在，不管是公众，还是那些在过去30年接受教育的所有凯恩斯主义经济学家，都会争辩说，增加货币数量比维护金本位制更重要。

我已经说过，认为黄金或别的金属基准的价值直接决定货币价值的信念是错误的。金本位制是一种机制，它旨在并且确实也在一段相当长的时间中迫使政府将货币数量控制在使其价值等价于黄金的水平。但也有很多历史证据证明，靠发钞者的利己之心，使其将哪怕是代用货币的数量控制在保持其价值稳定的水平，也能达到同样的效果。

有3个非常有趣的历史实例可说明这一点，事实上，它们也能非常有力地教导经济学家，关键问题是恰当地控制货币的发行数量而不是货币可赎回别的东西，这种可赎回性仅仅是为了强迫政府恰当地控制货币发行数量。我觉得，有一种办法可以更有效地做到这一点，即不是通过法律规则强迫政府，而是让发钞银行的利己之心强制其那样做，因为只有在其确实能向人提供稳定货币时，其才能维持自己的生意。

让我非常简短地向你们讲讲这些重要历史实例。我想提到的头两个实例并不直接涉及我们所了解的金本位制。这两个实例分别发生在世界大部分地区都在使用白银本位制和19世纪下半叶白银突然失去其价值时。白银价值的下跌导致若干国家货币的贬值，而有两个国家针对这一点采取了非常有趣的措施。第一个国家是我的祖国，1879年，我相信，正是受此措施启发，才产生了奥地利学派的货币理论。当时，奥地利政府凑巧有一位非常卓越的顾问——卡尔·门格尔，他告诉政府："好吧！如果你们想躲过白银贬值对你们货币的影响，那就停止自由铸造银币①，停止增加银币数量，然后你们就会发现，银币将会开始升值，升到其所含白银的价值之上。"奥地利政府依计行事，果然如门格尔所料。人们开始将当时流通的货币单位奥地利银弗罗林（Gulden）作为印在银币上的钞票，因为流通中的真正银币已成为代用货币，其白银含量少于其所标称的价值。随着白银贬值，银弗罗林的价值完全受制于对银币数量的控制。

14年后，英属印度也采取了完全相同的措施。印度以前实行的也是银本位制，白银贬值也导致卢比不断贬值，最后印度政府决定停止自由铸造银币，于是银币便逐渐升值，上升到其所含白银价值之上。这时，不管是在奥地利还是在印度，都无人期望这些银币会被人以某个比率赎回白银。关于这一问题的决策是过了很久才做出的，但这一发展历程清楚地证明：即使流通的是金属货币，其价值也可只来自对其数量的有效控制，而非直接来自其所含金属的价值。

我的第三个例子更加有趣，尽管其持续时间短一些，因为它直接涉及黄金。第一次世界大战期间，所有交战国都发生了严重的纸币通胀，这不仅拉低了纸币的价值，也拉低了黄金的价值，因为纸币在很大程度上取代了黄金，使人们对黄金的需求下降。结果，全世界的黄金价值都在下跌，以黄金标价的价格到处都在上涨。这甚至影响到了中立国，尤其是瑞典，它非常恐慌，因为它一直坚持金本位制，世界其他地方的黄金不断涌入仍实行金本

---

① free coinge of silver，任何人均可以持银块到国家造币厂请求代铸银币。——译者注

位制的瑞典，瑞典价格涨幅跟世界其他地方一样高。这时，瑞典也凑巧有一两位非常出色的经济学家，他们重复了那位奥地利经济学家在 1870 年就银币问题向其本国政府给出的建议："停止黄金的自由铸币，现有金币的价值将会上涨到其所含黄金价值之上。"瑞典政府在 1916 年这样做了，结果也跟经济学家预料的完全一样：金币价值开始上涨到其所含黄金价值之上。在战争剩下的两年中，瑞典没有受到黄金通胀的影响。

我引用这些例子仅为说明，这个问题在那些真正理解这一学科的经济学家中，现在已是一个不可置疑的事实，即金本位制是迫使政府恰当控制货币发行量的一种部分有效机制，是在政府作为垄断者对其所发货币可恣意妄为时唯一还对其有点限制效果的机制。除此之外，对确保健全货币而言并不是一定需要黄金。我觉得，私人企业发行的代用货币完全有可能让公众逐渐相信，它能保有其价值。只要发钞者和公众都明白，公众对此货币的需求完全要看发钞者是否能保持其价值的稳定，因为如果其做不到这一点，人们就会立刻不再使用其所发货币而转用其他货币。

根据洛桑会议上提出的这个建议，我在一本薄书中比较详尽地阐述了上述观念，该书在一年前出版，名为《货币的非国家化》。自那之后，我的想法又有了相当大的发展。我本来希望在这次会议上向大家散发大大扩充了的第二版，这本书已由伦敦经济事务研究所出版，不幸的是，样书还未运到这个国家。我手头只有校样。

在第二版中，我得出了一两个更加有趣的结论——这是在第一版中我尚没有发现的。在两年前，我第一次提出此想法时，我只考虑到发钞者的选择问题：可保存下来的只能是能恰当地控制自己所发的有独特名号的货币，能为公众提供一种可以成为稳定的价值标准，成为记账的有效会计单位的货币的金融机构。现在，我则明白，存在一种更为复杂的局面，事实上存在两种类型的竞争，一种将引导人们选择一种会被普遍接受的货币本位，另一种则会引导人们选择被委托发行这种本位的货币的具体机构。

我确实相信，今天，假如阻止发行这种有自己独特名号的私人货币的一切法律障碍都被去除，其最初结果就像大家所预料的那样，人们将会根据其经验立刻选择其所了解和明白的制度，即开始使用黄金货币。但正是这一事实本身会很快让人怀疑，以黄金为货币是不是的确属于一种健全本位？由于对黄金的需求增加，黄金价值将会升高；但恰恰是此事实使其不适宜充当货币——你恐怕不希望用这种价值不断上升的黄金来借债。此时，人们可能期待出现另一种货币，而如果他们可自由选择货币，他们可据此记账、核算、借债或贷款，则他们肯定会选择一种购买力将保持稳定的本位。在此，我没有时间详尽阐述我所说的购买力稳定的具体含义，但简单地说，我的意思是指这样一种货币，以它标价的随机挑选出来的某商品价格的上涨或下跌的可能性一样大。这样一种稳定的本位能将具体商品价格的不可预见的变化风险降到最低程度，因为有了这种本位，任何商品的价格上涨或下跌的可能性相当，这样，人们在预期未来价格时所犯的错误大体上会相互抵消，因为犯估计过高的错误的数量与犯估计过低的错误的数量大体相当。如果这样一种货币是由某些有声望的机构发行的，那么最开始，人们可能要在若干发钞银行所采用的几种不同的本位之间，以及用以表示其价值的不同价格指数之间做出选择，但竞争过程将会逐渐使发钞银行和公众都知道哪种货币是最好的。

一个有趣的事实是，我所说的政府货币发行垄断权不仅剥夺了我们获得一种良币的可能，也摧毁了唯一能使我们借以发现什么才是良币的过程。我们甚至不知道我们设想中的良币应当有什么样的属性，因为在过去的两千年里，我们一直在使用铸币和其他货币，我们从来不被准许进行货币试验，我们从未有机会搞清楚哪种货币才是最佳货币。

这里，我简单插一句评论：在我的著述和演讲中，包括今天的演讲中，我一直在谈论政府的货币发行垄断权。不过目前，在大多数国家，从法律角度来看，这种垄断只在非常有限的程度上存在着。我们确实曾赋予政府发行金币的专有权，而且是基于相当充分的理由。在我们赋予政府这种权力之后，我想，我们可以同样清楚地理解，我们也赋予了政府对任何以那种铸币或货币的名字标价的货币或索取权的控制权。在政府发行美元时，除政府外，任何人都不准发行美元，这是非常合乎情理的制度安排，即使事实证明由这种安排产生的结果并不是完全有益的。我并未提议，其他人也可同时发行美元。而过去关于自由银行业务的整个讨论，大家实际上都是持这种想法的，即不仅是政府及其机构，还有其他人，都可以发行美元钞票。这种制度当然无法正常运行。但如果私人机构发行的是有自己名号的钞票，与官方货币之间或它们彼此之间不存在固定兑换率，则据我所知，在大多数国家，法律并未禁止这种做法。我认为，为什么没人真正地尝试，理由当然是，我们都知道，任何人只要去尝试，政府就会找到很多办法在使用这种货币的道路上设置障碍，从而使这件事根本无法实施。比如，只要非官方货币在司法过程中不被执行，它就显然不可能被人使用。如果有谁发行一种货币，人们却不能用它订立合同，那当然就是个笑话。不过幸运的是，在大多数国家，这种障碍现在已经被清除，因而发行私人货币的道路似乎已经敞开。

如果由我来负责美国某家大银行的业务，那我将向公众提供以某种货币单位标价的贷款和往来账户，而我将致力于保持该货币价值的稳定，即始终与一个明文公布的指数保持稳定关系。我毫不怀疑，事实上，我相信在这个问题上，大多数经济学家会同意我的看法：控制一种在与其他代用货币进行竞争的代用货币的价值，使之真正合乎我做出的保持其价值平稳的承诺，这在技术上是可以做到的。而我情不自禁地要反复强调的最关键的一点是，我们将在历史上第一次得到这样一种货币：发行货币的整个业务将只由发行良币的发钞者来控制——其清楚地知道，只要其发行的货币有贬值的风险，其就将立刻失去这桩极其有利可图的生意，其生意将会流失到能提供更好货币的发钞者手中。我在前面已经说过，这是现在我们唯一的希望。我看不出在目前的——我想强调的是在目前的——民主政体下有任何得到良币的希望，因为在此政体下，每个小集团都会迫使政府满足其特殊需要，因而这样的政府即使受到严格的法律约束，也不可能再向我们提供健全的货币。目前，前景只能是二选一：要么让某种不断加速、不受管束的通货膨胀持续下去，而人们都知道，这种通货膨胀会彻底摧毁某种经济体系或者说市场秩序。但我觉得更有可能出现的是一种更糟糕的局面：政府将不会中止通货膨胀；相反，它会像现在所做的那样，竭力压制这种通货膨胀的公开后果，因而持续的通货膨胀将会驱使政府进行价格管制，使政府逐渐增加对整个经济体系的管制权力。因而，现在我们面临的不仅仅是获得健全货币（在此货币制度下，市场体系将会比以前运转得好得多）的问题，而是要防止政府一步一步地滑向全权主义、计划体制的问题，至少在美国，后一种体制不会因为某个人想要实行就会出现，却可能在压制那持续的通货膨胀后果的过程中不知不觉地现形。

我希望我可以说，我所提出的方案是提供给遥远未来的一个计划，我们还可以等下去。有一位明智的学者曾为我的小册子第一版写过如下书评："是的，300 年前，没人相信政府将放弃它对宗教的控制，因而，我们也许会在未来 300 年中看到，政府将会准备放弃其对货币的控制权。"但我们确实没有那么多时间了。我们现在所面临的最令人不安的政治趋势大部分都源于某种经济政策，我们在这些政策方面越走越远了。我希望，我提出的制度设想不只是一种备选制度——不只是一种我们现在只需在知识上阐述清楚，使这种制度在目前体制完全崩溃后可取而代之的备选计划——它也不只是一个应急计划。我认为最迫切的问题是，我们必须尽快理解，目前实行的政府垄断货币发行的制度演变的历史不能赋予这种垄断权正当性。当初之所以有人提出这种垄断制度，从来就不是因为政府提供的货币将好于其他货币；相反，自发行货币的特权被明确认为属于君主的绝对权力之后，之所以有人鼓吹政府垄断，理由始终是，发行货币的垄断权对政府财政至关重要——并不是为了给我们提供健全的货币，而是为了让政府能接触那个龙头，可以通过印制货币获得其所需资金。先生们、女士们，靠这种方法，我们永远不能指望获得良币。将货币发行权交到这么一个不受竞争驱使的机构手中：它可强迫我们接受它所发行的货币，而它又会听任种种政治压力的摆布——在这种情况下，货币当局是不可能向我们提供良币的。

我认为，我们应该尽快开始行动。我认为，我们只能指望更多企业和敏锐的金融家尽快开始试验这一制度。一大障碍是它涉及整个金融结构的巨变，而我从很多次讨论的经历中得知，资深的银行家无一例外不能设想这种新制度可以正常运转，因为他们只理解现有的银行制度，他们也不敢冒风险进行这种试验。我认为，我们只能指望少数更年轻、更灵活的聪颖之士，他们会开始试验，并向世人展示这样的事情是可以做成的。

实际上，这种设想已经以某种有限的形式得到了尝试。在我的著作出版之后，我接到来自小银行的各种各样令人惊讶的信件，他们告诉我，他们正尝试发行黄金账户或白银账户，而对于这些业务，社会有广泛兴趣。我担心，由于我在开头就提到的理由，他们恐怕必须得走得更远。在我们的货币体系发生这样一场革命的进程中，贵金属的价值，包括黄金的价值，都将大幅度波动，大部分情况上是上行，因而从投资者的角度来看，那些对这些贵金属感兴趣的人是不用担心的。但那些主要兴趣在于提供健全货币的人则只能期望，在不太遥远的未来，我们将会找到另一种被广泛应用的控制货币流通量的制度，而不能仅寄希望于可赎回黄金。公众则必须学会从多种货币中做出选择，选择那些健全的货币。

如果我们马上就要开始尝试了，那么我们就的确有可能做到下面一点：资本主义终于能为自己提供一种健全的货币，能使其自身正常运转的货币，而人们一直以为资本主义没有这样的能力。即使在资本主义成长发育起来之后，政府也始终不允许资本主义为它自己提供它所需要的货币。如果还有时间的话，我会向你们揭示，最初仅仅是货币发行方面的垄断权所形成的整个摇摇欲坠的结构，为什么正是信用大幅波动、经济活动剧烈波动和周期性萧条的主要原因。我相信，只要资本主义获准向自己提供自己所需的货币，竞争性体系就会永远克服经济活动的剧烈波动现象，并使萧条期不被拖长。而此刻，我们当然正在被政府的货币政策驱向这样一种局面，它将导致资源配置的严重扭曲，你们也不要指望我们一旦采用了新的货币制度，就能够迅速摆脱现有困境。

未来的价值单位[*]

21 年前，几乎没有人注意到，我在我的《自由宪章》的一个脚注^①中写过下面一段话：

尽管我确信，现代信贷银行业务的发展确实需要中央银行之类的公共机构，但我怀疑，这些机构是否因此就应当拥有发行某种货币的垄断权。当然，国家有权保护它（或任何其他机构）发行的货币单位的名称，如果它发行了"美元"，那么它也有权禁止任何其他机构发行具有同样名称的货币。而由于它的任务就是强制执行合同，因而它也必然能够决定什么是可用于清偿合同中规定的债务的"法币"。但是，似乎根本没有理由解释为什么国家应当禁止人们使用其他交换媒介，不管它是某种商品还是国内外某

---

* The Future Monetary Unit of Value , in Currency Competition and Monetary Union, ed. by Pasacal Salin; the Hague: Martinus Nihoff Publishers, 1984, pp. 26–42。本文系根据作者在 1980 年 12 月 2 日 Institutum Europaeum 上发表的演讲的笔记与手稿，以及 1981 年 9 月 14 日在雅典举行的维萨国际年会上发表的论文改写。

机构发行的货币。事实上，保护个人自由的最有效的措施可能就
是制定一部宪章，禁止和平时期对任何货币或贵金属的交易施加
任何限制。

这种想法在我的脑海中悄然生成，15 年后，由于对我们日益
恶化的货币形势的局面越来越不满，于是我就提出一项建议（差
不多是作为一个天大的玩笑）：鉴于事态如此发展，我们重获健全
货币的唯一希望在于，我们必须剥夺政府发行货币的垄断权，将
此任务交给私人企业。我在严肃考察后发现，这种设想越来越有
吸引力，最后我觉得，这种方案是解决我们目前在各国看到的越
来越令人绝望的货币形势的唯一切实可行的方案。然后，我在一
本小册子《货币的非国家化》中系统地阐明了这种想法，大大扩
充了的第二版已于 1978 年出版。[1]

竞争性货币制度之必要性

在提倡自由发行货币的理论时，我的基本观点是，人人都可
以自由地向公众提供具有自己名号的货币，公众将最后决定这些
货币的中哪一种会被普遍接受。如果我们认识到，在讨论自由银
行业务（free banking）和货币自由发行（free issue of money）时，
人们谈论的其实只是私人机构也发行政府发行的那些货币，如美

---

[1]　F. A. Hayek, *Denationalisation of Money*, Institute of Economic Affairs, London, Hobart Paper 70, 1970; 2nd ed. (revised and extended), 1978。

元、英镑等，两相对照，我提出的这个新建议的特征就比较清楚了。若私人机构发行政府发行的货币，私人机构确实可以被指控造成这些货币贬值及通货膨胀的局面。但私人机构发行的若是自己的货币（具有自己的专有名称），那么公众立刻就会将它与其他货币区别开来。在真正的竞争性格局中，货币发行机构将不得不采取种种措施使其货币对公众最有吸引力，使公众最乐于持有它发行的货币而不是他人发行的货币。

另一个要点是，发行货币的私人机构必须得跟其他机构展开竞争，这意味着，它只有向公众提供一种可以信赖的稳定的货币，才能保住自己的生意。只要人们稍微怀疑发行者在发行货币的时候滥用了自己的权力，就会立刻导致该发行者的货币贬值，将立刻把其从这个业务中驱逐出去。这将使其失去这桩本来极其有利可图的生意。

始终会面临的失去客户的危险是比任何其他规则更好的约束力量，这种力量也能更有效地维持该货币的价值。这种机制的运作过程是这样的：只要有人传言，某货币的价值相对于其他货币将会下跌，每个人都会争相脱手这种可能贬值的货币，而将其兑换成可让其更信赖的货币。

毫无疑问，人们可能需要耗费一定的时间来适应这种新形势，但可以确定的是，这并不需要耗费太多时间。如果你们知道在严重而漫长的通货膨胀期间人们是如何行事的，你们就会知道，在寻找可替代其被迫使用而正在膨胀的货币的东西时，人们是多么的足智多谋。我认为，他们不用花费太多时间就会知道自己应该时刻追踪的已有货币市场牌价，以了解到底哪种货币值得自己信赖，哪种是稳定的货币，而哪种不是。

在对有关货币问题进行的漫长讨论中，每个人都承认，只有政府有权独家向我们提供货币，这一点实在令人惊讶。然而，在货币发行问题上创造出垄断并不是实现我们的货币币值稳定的良方。

如果我们追溯现在已知的由政府发行的第一种货币——在公元前6世纪——我们会发现，早在这之前，铜和青铜铸币就已经作为交换媒介被使用了至少两千年。政府发行自己的货币不过是在铸币上打上标记或铸上王冠或其国王的头像。对政府发行货币之初的三四百年的情况，我所知不多，但政府可能很快就掌握了发行货币的垄断权。公元前4世纪，货币就已经被形容为政客手里的"骰子"。政府禁止人民探索正确的解决方案，禁止人民试验一种可以确保货币持续改进的淘汰过程。这种垄断权阻碍了货币的自发形成过程，而在法律、语言和道德领域中我们都看到了这种自发过程，在这些领域，透过某种演进的过程，更有效率的形态会取代效率低下的形态。若在货币领域中，我们也被允许从类似选择过程中受益，那么我们将会拥有一种截然不同于我们今天所使用的全新的货币。

事实上，在致力于设计更好的货币秩序时，我们立刻会面临一个难题：我们其实并不知道我们想要什么。真正健全的货币是什么样的？截至目前，货币是市场秩序中政府不许人们发现其最有效率的形态的领域，愚蠢的统治者和经济学家一直在用货币欺骗多数人。然而，市场并非政治家或经济学家发明创造出来的（尽管其中有些人对市场有那么一点了解）。能够向我们揭示最佳解决方案的也不是我们现在的知识，而是通过自由地尝试而涌现出来的新发现。需要货币作为一种不可或缺的交易工具的人，以及那些最早发现货币是一种让大多数交易得以进行的工具的人，却很快就被强迫使用政府提供给他们的货币。政府警惕地守护着自己的垄断权，不是为了实现人们引入货币的最初目的，而是为了实现另外的目的。今天，货币已经不再主要是一种有效率的交换媒介，而是欺诈、掠夺和"管理"经济的一种工具。结果就是，我们不得不承认，对于各种可以设想得到的发行货币的办法到底会如何运转，我们几乎没有什么经验证据，而对如下问题我们也几乎无从回答：假定公众有机会自由地在几种不同而可清晰辨别的货币中间进行选择，他们会选择哪种货币？对于这个问题，我们恐怕主要得依靠我们的理论想象（theoretical imagination）了——我们应当努力将我们对其他领域中竞争发挥作用的情况的理解运用在这一特殊领域中。

比如，金本位制是防止政府滥用其权力的理想办法。但即使在政府信守金本位制时，我们也不知道哪种货币是最佳的。围绕我们的货币秩序的整个讨论也都有这种致命缺陷，我们并不十分清楚哪种货币才是真正最好的。我们是否期望最好的货币的特征就是维持其价值恒定？或者我们是否需要一种货币，其价值将与人的劳动生产率同步提高？我们是希望创建统一的国际货币，还是让不同区域有不同的货币？所有这些都是没有答案的问题。因而，货币政策的基本前提条件就只能是：它必须向人们提供进行尝试并让其了解哪种货币是最佳货币的机会。

当然，政府在论证其政策正当性时可能使用一种借口，说在所有交易中使用单一货币有很大优势，为此而牺牲潜在的改进机会是值得的。但是，一旦我们认识到我们目前所用的这种货币导致了多少本可避免的损害，那么人们是否还会接受这种辩护就成问题了。也许，我们没有得到更好货币的一个重要原因就在于，人们无法进行足够的试验，从而就哪种货币是理想的货币达成一致。在我们能够充分探索这一问题的不同解决方案之前，政府就拦腰截断了优胜劣汰的演进过程。而我们确实为某种可能出现的暂时不便而付出了过高的代价。

下面，我将探讨这一问题的更现实的一面，并就建立这样一种货币竞争体系提出一个建议。

稳定购买力

一个重要的问题是——我也承认自己对此问题并没有明确而清晰的答案：如果人们可在若干不同货币间进行自由选择，那么他们是否肯定会选择购买力将会保持最大限度稳定的货币呢？当然，从以下问题开始探讨可能更恰当：我们期望从健全的货币中得到什么？什么有可能诱使个体选择某种健全的货币？我们当然知道，人们将货币用作某种交换媒介的一般原因是，这样一种商品具有较高程度的“可被接受性”（acceptability），也就是说，比其他商品更容易被人接受。后来，“可被接受性”一词经常被换成“流动性”（liquidity），这很有助益，因为“流动性”一词凸显了货币的另一个长期被人忽视的属性。这涉及货币与商品的区分问题。不同商品有程度不等的流动性。若你想要完全流动性，你实际上就处于基础货币的一端。然后，是与其关系密切程度不等的替代品。其范围从流动性最高的黄金到完全没有流动性的某类商品。这种区分很重要，因为它揭示了另一个概念——货币稳定性概念——不是模糊的概念。假定我们没有被强迫必须在很短的时间内售出某种商品，则该商品的价值就可能是稳定的。至于货币，即使几种货币具有同等程度的可被接受性，但其所具有的稳定性却仍有可能不同。

因此，基本的结论是——这也是我们下面的论点有效性的基础——假如人们可以完全自由地选择其在日常交易中乐意使用的货币，将会很快出现如下情形：那些选择了具有稳定购买力的人会最成功。流动性中的这一面，即经常被用来表示价值稳定性的，一般都是价格指数。人们经常理所当然地认为，一种良好的货币的购买力应大体保持稳定，这也意味着用它标价的平均价格应大体保持稳定。

60年前，当我开始研究货币理论时，我也是从质疑当时被人普遍接受的这种信念开始的，但我后来确信，具有稳定价值的货币确实是我们所能期望的最佳货币。这种认识有时会遭到质疑，但总体来说，人们已经接受了这种认识，尽管他们讲不出任何明确的理由。在我看来，理由如下。人们希望作为交换媒介的东西能最大限度地降低未来价格的不确定性。但价格变动是不可避免的，甚至会有出人意料的变动。之所以如此，乃是因为价格是告知我们自己所不了解且就其性质而言必然是无法预料的事的工具。但假如在预测未来价格走向时，在一个方向上出错的风险与在另一个方向上出错的风险互相抵消，则未来价格的不确定性就能被减到最低限度。

因而，稳定的货币的意思就是说，借此货币，我们并不具体了解某商品的价格上涨或下跌的可能性一样大，因而不可预见的价格变动在不同方向上会相互抵消。换句话说，平均价格水平稳定的意思是说，在此情况下，一种商品的货币价格的上涨（或下跌）表示的是其相对于其他大多数商品的价格也在上涨（或下跌），而不像人们今天经常所说的那样，它会变得比大多数其他商品——其价格发生了更大（或更小）变动——廉价（或昂贵）。借助于提供一种合乎我们上面所定义的价值稳定的货币，货币可能具有的扰乱作用，比如在通货膨胀情况下对相对价格的影响，可以被吸收适应。

不过，我不能完全肯定，经常被人忽视的货币可能导致的误导性效应是否能最终被保持平稳购买力的货币完全矫正。保持平稳购买力或保持平均价格平稳的货币也可能扰乱相对价格结构（structure of relative prices），也就是说会扰乱生产要素的配置。我在我以前有关货币与商业周期的著作中已经指出，货币数量变化必将导致相对价格结构紊乱。增发货币必会临时拉高那些吸收了这些货币的商品的价格。只要货币数量的增加持续下去，由此导致的相对价格变动就会保持下去。这就意味着，生产要素将会被引至这些商品的生产活动中，而只有在持续的通货膨胀情况下，这些要素才能被用于该生产。

在经济保持增长、人口保持增长和生产保持增长的经济体中，价格会趋于下降，只有通过增发货币才能保持价格平稳。借助这种货币的增发，人们确实能使货币价值始终保持平稳，也就是说，使其平均购买力保持平稳，但唯一代价是扰乱相对价格结构。只要货币数量的增加一直持续下去，则这种扰乱就会使生产要素出现错误配置。这是非常严重的两难困境。货币价格要么必须随生产活动萎缩或扩展而下跌或上涨，要么必须以错误配置生产要素为代价而保持稳定。这也意味着，我早年所期望的在形成价格时完全中立的货币实为永远无法完全实现的希望。我们所能期望的只能是，货币发行数量增加被控制在最小幅度，从而尽可能小地干扰货币在决定价格时的引导功能。

对于一种具有稳定购买力的货币是否真是理想货币的问题，我现在的回答是，它可能不是理想的，而只是达到目的的一种手段，这种手段能让我们找到解决货币难题的可行方案。简而言之，我们所能期望的最佳货币是一种其平均购买力能保持稳定的货币。

不管怎样，稳定货币相对于所有不稳定货币的优势对企业的经济计算尤其重要，对雇佣合同的持有者和储户的重要性也并不逊色。人们可以从几种货币中进行选择的最重要结果，并不仅仅是人们将能以其所信赖的货币订立合同，更重要的作用在于，即使他们在出售其货物的时候乐意接受任何货币，他们也不会希望持有一种他们不信赖的货币；相反，他们会迅速将此货币兑换成其所信赖的货币。这将迅速淘汰不能保持其货币购买力平稳的发钞者，至少也会迫使发钞者只要看到自己发行的货币在市场上出现哪怕一点折价，就会赶紧修正其政策。

乍看之下，这一点似乎与所谓的"格雷欣法则"，即"劣币驱逐良币"（其实两千年前的古希腊人就知道这一法则）有冲突，对此我们得公正地指出，这一法则只适用于由政府强制规定只能按固定汇率兑换的若干货币。在几种货币互相竞争且其相对价值由市场决定的情况下，结果正好相反：良币将会驱逐劣币。历史已经多次证明了这一点。

这里我没有时间考察，为什么差不多自 2 500 年前铸币出现以来，政府就几乎无一例外地、无耻地滥用它们的垄断权力，从而给民众带来巨大的损害，只有短时期除外（在此时期政府放弃了自己的专断权力而规定一定数量的某种贵金属为法定货币单位）。我也没有时间解释，为什么金本位制在过去一个较短时期内曾为我们提供了好于这前后时期的所有货币，但现在却不可能被全面有效地恢复。金本位制要求人们恢复一种已被摧毁的信念，恢复金本位制可能导致黄金价值的剧烈波动，从而使其无法维持多长时间。今天，完全剥夺政府对货币的权力比起试图阻止政府滥用其权力，可能会更容易实施。

国际本位

最佳货币就是有平稳的平均购买力的货币，这样的想法当然会引出一个问题，即选择哪种或哪些商品来充当评估平均购买力是否平稳的标准。若我们用一组消费品衡量购买力，就有可能把平稳购买力的概念限制在非常狭小的地域范围内。举例来说，一种从消费品角度看在布鲁塞尔保持购买力平稳的货币，在巴黎或纽约未必会同样保持平稳。

这免不了引出一个问题：我们需要的是一种区域性货币还是国际性货币。我自己的选择是倾向于国际性货币。这就意味着，我们应致力于使价格在国际范围内保持稳定。应当清楚的一点是，在此所勾勒的仅是我本人对人们如果可以自由地从多种竞争性货币当中做出选择时将会追求哪种目标的暂时结论。我相信，这样的竞争将会引导人们选择购买力将保持稳定的货币，而此处的购买力若是参照国际标准（international standard）的购买力则更为可取。

　　为了保持国际经济的高效运转，我们显然需要某些国际性本位，而唯一能让我们赖以获得实时信息的国际性价格体系，是那些被极为广泛地交易的标准化的原材料的批发价格，因而最能准确地显示一种货币单位的购买力保持普遍稳定的办法，可能就是这些原材料的价格指数保持平稳。当然，这样一种指数必须是所谓的加权指数，不管是其商品组成还是各种商品的权重，都不可能严格保持不变。持有这样一种货币单位的人可以随时赎回可供购进用以规定该本位单位的不同原材料的组合的其他货币，这样一种货币的发行者有权改变这些商品的名单，根据每种商品在交易中的重要性的变化而调整其权重。不过，为了保护持有该货币的民众，不对他们掩盖该货币价值的变动情况，发行者必须向货币持有人保证：新的"一篮子"商品的构成虽然会有所调整，但按市场现价计算的总价值会等于旧的"一篮子"商品的总价值（而且，有可能在一个限定的较短时期内，该货币单位的持有人可以选择是赎回新的"一篮子"商品还是旧的"一篮子"商品）。

　　当然，由某一具体发钞银行提供的这样一种新的国际货币单位必须有其名号，在如下讨论中，我姑且将其称为"索力德"。①这种试验能否成功，在很大程度上得看发钞者选择的货币单位名

---

① 　Solid，意思为"可信的""实在的"。——译者注

号是否有吸引力，是否恰如其分。我已经想出在这方面比现在想出来的这个名字更有吸引力的货币单位名称了，这类名号确实可能价值连城。但由于法律顾问告诉我说，在现行法律下，只有那些实际从事某项业务的个人或企业的商标（或著作权）才能获得法律保护，因此我没有办法，只好保守我的秘密，在这里使用"索力德"作为次优名号，用来说明我的私人发行货币的方案。尽管必然会遇到政府的阻挠，但肯定是可以引进这样的货币单位的，当然最初不能是流通性代用货币（circulating tokens），但可以是可赎回的可转让存款（transferable deposits），即用于直接交易的那类货币或代用货币，这是眼下政府可能不会允许私人发行的。

尽管由私人发行的这类不同信用单位都会有其不同的名号，在一开始也可能会与不同商品组合挂钩，但经过一段时间的试验后，能够维持下来的大多数货币都可能在彼此之间保持稳定的价值关系，当然其发行数量可能会大相径庭。一旦这样一些有稳定购买力的货币单位获得人们的普遍认可，有些货币发行者也显示其有能力保持其货币单位价值稳定，并因而创立了一桩有利可图但却完全得靠人们对其信任才能生存的生意，则这样的制度就会因为以下事实而得以维系：任何货币发行机构，只要它不能维持这种信任，就将立刻被排挤出去，大量货币会从它那里流失。

这里的另一问题是，该由谁来决定哪种货币应该成为人们普遍接受的货币呢？是由广大消费者、企业界，还是由一部分企业？我个人相信，广大民众几乎会接受任何一种能大体保持稳定并被普遍接受的货币。任何一种货币只要大体保持稳定，普通消费者就会乐于在市场上接受并支出。消费者不会因为自己手中货币略微升值或略微贬值而大幅调整自己手中的货币品种。决定货币广泛流通的更重要的因素应该是另外一些人，对他们来说货币的下列属性是极端重要的：它能使他们成功地估计其走势，并以其持有流动性结存的时候不会导致产量的盈亏。这也就意味着，企业，或者说是为了生意活动而使用货币的人们的偏好将决定货币筛选过程的结果（假定人们可以自由地在不同种类的货币之间进行挑选的话）。

通货与信用

我曾在最初设想，从一开始，私人货币发行者不仅会以往来账户的形式发行货币，也会发行自身只有很小价值的钞票或代用货币。不过，尽管这几年来的深入思考只是让我更坚信自己的信念，即这种制度是解决我们面临的货币问题的唯一办法，不过我也不能无视现实：指望政府自愿放弃目前拥有的发行货币垄断权纯属乌托邦。然而，这确实是我们重新获得诚实货币，同时又能克服萧条、失业及市场普遍紊乱之类灾难的唯一途径。政府已对通过发行货币来为其活动筹资产生了依赖性。它们认为，这种能力是一种非常重要的经济政策工具，因而它们可能会一直捍卫这种权力，不仅是法律授予它们的有明文规定的全部权力，还有它们自己所能攫取的一切权力。尽管各国政府在目前是否拥有禁止私人发行替代国家货币的宪法权力是相当可疑的，不过无须怀疑的一点则是，它们可以通过运用法定货币之类的规则阻挠任何这样的尝试，使之无法获得成功。

不过，有人认为，在目前的条件下，政府只是阻挠私人发行通货或日常买卖中的货币，但这是一种误导性印象。发行代用货币，作为法币用于清偿以其订立之合同债务的专有权，并非不让人们使用以其他货币表示的信用账户作为一般交换工具。至少在没有强制实行外汇限制的地方，还有那些大概只是限制超出一定数量外币交易的地方，一般法律似乎并未禁止人们开立账户，使债权人在要求收回其他货币时能够收到这些货币，这些货币足以使其能以市场现价购买相应的用以规定该货币单位的"一篮子"原材料。

私人银行能确保稳定购买力

我现在将涉及一个关键问题：经营银行业务的机构有没有可能和希望提供"索力德"、"达克特"或"实泰保"或其他名号的账户？我在此提到开立这种账户单位的银行会向人们承诺，见票即可付给同等价值的其他货币，数量恰足以让其在现有商品交易所购买到事先公布的各种商品，这里所研究的单位的总体价格就是根据这些商品来确定的。这个任务的困难之处在于，为了维持某一货币单位的价值，其发行者须时刻准备以事先公布的比率购进或售出回流到其银行（或要求其出具）的任何数量的这种货币。

它能运用的唯一控制手段是以不同条款或不同利率贷出、借入（创造或削减这样的存款），并可以收取管理此类账户的管理费。这种账户的提供者当然必须密切提防，使自己不要失去对社会成员或随便一个可清晰界定区域内居民获取这些流动性资产的数量的控制。其目标是与其他机构竞争性地提供公众所希望的便于辨认的资产，因为人们相信它会保持其价值，因而会将其作为其流动性资产持有。让人们心里踏实的唯一办法是时刻准备用可购到指定原材料组合的"现金"回购这些存款。但假定多家分立机构都成功地向其客户提供名号虽不同，实际上却以市场价格计算价值相等的有完全流动性的账户单位或交换媒介，那么最终结果将是，随便以这些账户单位中的哪一种标价，商品的总体价格都会保持稳定。

单个银行能否这样控制其见票即付账户的数量，从而使其在任何时候都能不间断地支付足以以市场价购买事先公布的"一篮子"商品的其他货币？其主要难题来自以下事实：如果想要防止其账户单位的价值上涨到公布水平之上，它只能通过如下做法实现这一点，即保证随时可以以事先公布的条款接受任何数量的存款。到一定时间，这可能会造成一个比较困难的问题，即如何找到合适的机会，把这些账户单位投资到本身似乎能保持其价值的资产中。为了控制对其存款需求量的这种波动，这家银行实际上只有两种工具可以使用：或者改变以其他货币购入与售出它自己的货币单位的价格之间的差额，或者将其向存款收取的正利率调整为对其收取负的管理费用，这两者都可即时公布。

显然，银行得经过认真学习才能肯定它们知道了如何成功地处理这些难题。要想向成千上万的人提供其流动性准备并获得利息，它们可能不得不为存储在它们那儿的资金掏钱，事实可能会证明，那些第一个解决这些难题的银行将在银行业务方面大获成功。我乐意看到，最大收益归那些成功地向世界带来不可估量的好处的人，他们最终使这个世界拥有一种交换媒介，借此市场终于得以最充分地发挥其作用。这样一种稳定的货币确立起来之后，即使它表现为几种不同的名号，每一种都以不同机构的名义发行，由不同机构承担责任，那么用不了多长时间，这些货币单位的成功供应商也会有权利发行相应的代用货币。而由于它们与基础信用单位之间保持恒定关系，因而它们至少在地方上很快就会取代传统的"官方"现金。而经过一段时间，政府也会要求用这种新的稳定货币单位向它纳税，这将标志着这种新制度的最后胜利。

　　我相信，如果银行可以完全自由地向公众提供可随意选择的货币，那么很快将会出现多元货币，从本质上说，它们都将保持价值平稳，其品质将为人所知，它们还有一个令人惊讶的特征：它们彼此间的相对价格也会保持稳定。它们将会在不同名称下体现出差不多相同的价值含量，用同样的"一篮子"广泛交易的商品计价的价值将保持平稳，经验也向人们证明这些商品是公众最乐于接受的。我相信，这些货币的面额会在一定程度上相同（尽管这些代用货币或货币因发行者不同而有不同的名号）。我承认，这是一副奇异的景象，但你越是深入思考这个问题，越会觉得未来一定会出现这种景象。

　　主要的困难在于，我们目前的银行和信用结构已完全与垄断性货币融为一体。在这种制度中，政府似乎是所有贷款的最终保证人，政府有双重职能，既控制货币发行数量，也调整货币的发行数量使之适应流动性需求的变化。

　　因此，银行家们很自然地认为让自己在这种新制度下与他人展开竞争是最不可行的。我本人只成功地说服过经济学家与刚进入经济生活舞台的年轻人相信竞争性发行货币的优越性，让他们相信，实行这种制度其实并不存在根本性困难。但我必须承认，我还从未说服过一位银行家相信这种制度是可行的。他们都抱怨说，这种制度与现在人们眼中的银行业务完全不同，他们担心传统银行业务将会消失。但我希望指出，我们现在所说的银行业务其实只存在了一个半世纪，也就是在中央银行普遍建立起来之后，在银行业务成为一桩所谓以最后贷款人为本的生意之后。银行家们尤其忘记了一段著名的话，即在 1844 年的《皮尔法案》(*Peel' Act*) 通过时，一位英国银行家曾引用过的一句话："我不需要一家准备银行，我的准备金就在这儿。"他用手指着他的银行地下室的方向说。我相信，如果我们实行竞争发行货币的制度，取消最终流动性资金的垄断性供应者，我们就可以拥有这样一种银行体系：每种货币发行者或银行家将会建立一定数量的准备金。根据需要，用商品和（或）其他货币组合将保证其自己发行的货币的稳定。

　　我们的货币制度在过去 100 年或 150 年的发展，使我的建议与 150 年以前相比，看起来确实更为古怪，也不那么切实可行。那个时代，人们还能清楚地意识到国家垄断发行货币的危险。我们可以在一位美国政治经济学家的著作中看到一个很有趣的例证，他也是美国的一位建国之父，他的看法是："把全部的信赖加之于具有这种性质（意为中央银行）的一个机构之上，是这种（货币）结构的要害所在。然而，我们需要由私人而不是政府来指导我们的货币体系，我们的货币体系应当由市场而不应当由公共政策来指导。"

假如出现某一种私人货币的崩溃

　　我在我的书中研究过若干其他后果，在此我只更加深入地探讨其中一个问题。当时，我甚至没有想到这个问题，但现在看来这是最重要的一个问题。在我看来，若能出现一种不依赖任何人专断意志的稳定的新型国际性价值单位，那么其影响要比乍一看显而易见的那些后果还要深入和广泛。如果在这个世界上流通若干种有不同名号的货币单位，每一种都只有在其与其他大多数货币保持同样价值的情况下才能维持下去，那么即使其中一种由于政策失误或管理人员违规操作而崩溃，其冲击也不会像今天某种货币崩溃那样大。持有某种部分或全部地丧失其价值的通货结存的人，当然会损失其一切——就跟今天一样。但今天由于某种通货的贬值而造成的最严重的损失，不是落在那些确实持有一定数量该通货的人头上，而是落在那些以该货币订立合同而形成债权的人头上。我在《货币的非国家化》第二版中曾解释过这一点：

　　由于能够得到至少是若干种稳定的通货，因此，使"法币"成为纯粹代用货币的荒唐做法注定将会消失，这种法币可能已经毫无价值，却依然能用于清偿债务，而在订立合同时，这些债务还是有相当价值的标的。导致这种荒唐结果的完全是政府强迫人们在其订立合同时使用其所不愿使用的货币的权力。在废除政府发行货币的垄断权后，法院很快就会明白（我相信，成文法规也会承认），要维护正义，债务就必须用各方订立合同时想要使用的价值单位来偿付，而不是用政府强加给他们的货币来偿付（例外的情形则是，合同明文规定了代用货币的确切数量，而不是以一定数量的代用货币所表示的价值）。

这样，即使某种通货完全倒闭，也不会产生广泛的灾难性后果，而今天，类似事件却会导致这样的后果。尽管现金持有者（或以钞票形式，或以某种通货的活期存款形式）可能丧失其全部价值，但这与普遍价值缩水或以这种通货所标价的对于第三方全部索取权的抵消相比，这只能算是相对较小的混乱。长期合同的总体结构不会受到影响，如果人们不幸使用的是一家倒闭的银行所发行的通货，那么他们可能会丧失其全部现金，但仍将保有其债券投资、抵押权及类似债权。债券及其他长期债权的投资组合可能依然是非常安全的投资项目。即使当碰巧遇上某些通货发行商破产，以及其钞票和存款变得毫无价值时，完全流动性资产仍会有风险，但谁会——也许在短暂时间内会例外——将其全部资产都变换成有很高流动性的形式呢？恐怕永远都不会发生债务的共同标准完全不复存在的事，也不会发生所有货币性债务被一笔勾销的事——就好像发生持久的严重通货膨胀的最后结果一样。在这种情况发生之前，每个人都应该抛弃那种贬值的货币，从而不会再有债务用它来清偿。

这种调节主要货币发行量并保持其购买力稳定不变的半自动机制，将会消灭自人们有意识地致力于集中控制货币数量以来就纠缠人类的通胀性繁荣与萧条、失业期交替出现的一切根源。不过，在此探讨这一点未免过于艰涩，也过于复杂。

下面，我讲最后一点，即实行某种货币政策其实是很晚才出现的观念。就在60年以前，货币政策不过是保证流通中某种黄金等价物或白银等价物或某一货币的币值稳定。我对货币政策的兴趣始于 1923 年，当时，我看到美国联邦储备银行的年度报告，其中一个声明说可通过控制货币数量确保经济活动的稳定性。这在当时是一个新观念。而不过 60 年的时间，货币政策就被普遍看成经济政策的主要工具，成为政治当局推动经济繁荣的有用工具。我必须承认，这些年来我越来越怀疑，这个意义上的货币政策是否真的发挥过正面作用。我的看法是，货币不是合适的政策工具，应将其从政治当局手中拿走。

我们现在所拥有的货币不是我们的文化所能演化出的最完美的货币，而是一个"畸形的孩子"，它一直受到不公正的限制和妨碍，使之无法充分展示其全部潜能。我们的货币一直被用来实现其根本不能胜任的目的。货币既不是一种恰当的经济政策工具，也不是一种可靠手段，它并不具有人们所设想的那种巨大作用。我们的货币不过是市场自我调节机制中一直不那么完善的一个环节。我们应致力于弄清如何才能让其运转得更好。

货币的市场本位[*]

使这个世界能养活 200 倍于 6 000 年前人口的大多数制度，都是某种竞争性演进过程的成果，但人们从未获准展开探索真正健全的货币的试验。自货币在交换中被广泛采用之初，所有政府都声称自己拥有发行人们获准使用的唯一货币的专有权。结果，不管是经济学家还是其他学科的分析家，他们都不知道哪种货币能使市场过程以确实令人满意的方式运转。

不过，政府曾竭力维护的金属本位，即金本位制，在其尚能维持之时至少提供了比最近 50 年来任何货币都要稳定得多的货币。而在过去 50 年中，英镑的购买力仅是其 20 世纪 30 年代的 4%。

金本位制遭到摧毁，其实是 60 多年前人们态度发生重大变化的结果，当时，追随凯恩斯的理论，出现了一整套后来被称为货币政策的概念，这个概念取代了仅限于根据某一固定标准保持

---

*   Market Standards for Money，in Economic Affairs，April-May 1986。

货币单位价值的一切努力。大约就在那个时期也出现了另一种观念：中央银行可被用来实现总体经济活动，尤其是就业的稳定；而凯恩斯的《货币改革论》（*A Tract of Monetary Reform*）[1]和当时刚成立的美国中央银行当局（即联邦储备委员会）极具影响力的年度报告，则使此观念广为流行。他们提出的更加雄心勃勃的货币政策目标被多数年轻经济学人热情接受，其中也包括笔者。

政治与货币

然而，对于由政治控制货币发行所寄予的这些厚望，最后却悲惨地落空了。其希望必定会落空，因为直到今天，在我看来，有一基本事实已经得到了毫无疑义的证实：由于货币增发在短期内无可否认地会对就业带来益处（尽管从长期来看这必然会导致就业岗位的错误配置，并由此而导致大规模的失业），因而没有一个政府能抵挡采取这种措施的压力，尽管这些措施最终必将证明有极大的危害。除了一个非常简单的理由之外不可能再有别的理由：不受制约的政党政治与稳定货币之间本质上不能相容。信用扩张对就业的好处只有在这种扩张的速度一次比一次更高的情况下才能维持下去，它最终必定会导致严重的经济危机和持续性的失业。

如果现有状态持续下去，英国将永远不可能再拥有可靠的货

---

① 首版于 1923 年；再版于 Macmillan, London，1971。

币——使其市场经济能展露其创造财富的全部潜能的货币。我十分确定，某些经济学家依旧在坚持"西方经济将会逐渐适应某种持续温和的通胀"的幻想，很快就会被证明是不切实际的。若不改变体制的话，经济学家所能期望的可能的发展前景只能是改变通胀型扩张和周期性萧条的周期，而使失业率继续攀升。人们一定会把这种不稳定归咎于市场秩序，人们将会越来越迫切地要求以计划体制替代市场秩序。然而，这一错误不应归罪于市场秩序；相反，之所以出现这种不稳定的局面，恰恰是因为市场秩序从未被给予机会来发展出一套供应保持稳定的交换媒介的有效体制。①

商品价格保持稳定是有益的

今天，人们已经普遍知道，对于市场秩序的运转来说，最有益的货币状态是确保平均商品价格保持大体恒定。理由在于，在此状态下，每个交易者，即使不掌握影响个别商品价格的种种因素的具体信息，也依然能够依据如下假设而取得成功：个别商品价格将会以同样的百分比上涨或下跌。因而，他们也可假定：某一商品的货币价格的变动能指示出其相对于其他商品的真实价格在按同样的幅度变动。

金本位制确实能提供达到这一状态的却多少有些限制的途径，因而金本位制的被抛弃当然大大地降低了币值稳定的水平，我们

---

① 欧洲货币体系的欧洲货币单位（ECU，埃居）仅是测度和协调欧洲共同体几个民族国家的平均通货膨胀率的工具而已。

不太可能从目前使用的各种货币中指望获得多高的稳定性。

金本位制：稳定的两百年

由处于政治压力下的政府负责货币政策的任何制度安排不可避免地会导致周期性通货膨胀，而这种通货膨胀最终总是要结束的，于是又引起严重的经济衰退。货币史显示，只要实行金本位制，波动就比较短暂，因为信用扩张会在其走得太远之前就被刹住。总体来看，从 18 世纪初开始的大约 200 年内，在金本位制下，平均价格始终没有多大变化，只是偶尔会上涨或下跌大约 30%，但一般都围绕这个数字波动。

过去 50 年的情形则与此完全不同。只要让政府负责货币政策，通货膨胀就必将持续下去。目前，有一种幻觉很流行：政府已经实现了对价格的控制；然而，这种幻觉只有在 3% 的通货膨胀率尚足以维持就业时才能持续下去。我们可能会看到，到明年这一速度就不够了。于是，人家会告诉我们，"你们需要至少 5% 的通货膨胀率"；接下来是 10% 的通货膨胀率——但我们仍会碰到同样的不稳定。看来，找到一种替代方案的迫切性跟以前一样强烈。

但不幸的是，回归金本位制是不可行的，因为任何这种企图都会导致黄金价值的波动，结果我们将只能得到一种更不稳定的货币单位。

货币的非国家化

我在几年前曾建议，[①] 对我们现在使用的政府货币实现非国家化，并以彼此竞争的多种私人货币取而代之。现在，我依然认为这是可行的。但这显然纯属空想，因为似乎不会有任何一国政府会在可预见的未来允许人们尝试这种制度。但在目前的环境下，为了达到这一目的已经不再需要引入新的流通媒介了。现有活期账户（current account）、信用卡之类的金融工具有可能为最常见的交易活动提供某种稳定单位，而无须再发行某种流通的金属铸币或纸币。以稳定的货币单位提供活期账户其实也能得到同样的效果，开立这种账户的银行见票即应支付的被普遍使用的货币数量恰好足以按国际商品交易所确定，并以加权指数计算的现货价格来购买"一篮子"原材料和食品。从理想的角度来看，这种本位应该以所有重要的生产要素为基准，包括土地和劳动力。但对土地和劳动力不太可能有普遍的有形衡量单位能使我们据以推导出清晰的市场价格，因此，我们只能将可行的国际单位局限于在国际商品交易所交易的那些商品。

我们要使用的批发价格的加权指数，须以大量——大约三四十种——在国际市场交易的原材料和食品牌价为基准，并按其在商品交易所交割的数量进行加权。该指数赖以为基础的权重

[①] *Denationalisation of Money: The Argument Refined*, Hobart Paper 70, IEA, 1976; 第二版, 1978; 第三版, 1990。较早对这些问题的讨论及其他一些最新研究成果，可在 Pascal Salin (ed.), *Currency Competition and Monetary Union*, Martinus Nijhoff, the Hague, 1984. 中看到，该书也探讨了与此有关但又有所区别的自由银行业务问题。

将随其交易的相对数量的变动而调整，条件则是在这样的变动之后，"一篮子"商品的总价值仍须等于它所取代的那"一篮子"商品的总价值。

本位

为了使这种新账户单位的功能被人们普遍理解，其理想名号应是那个众所周知的词——"本位"（standard）。这是一个非常醒目的名号，但迄今为止从未被用来指一种具体的货币单位。那个为了这一目的而使用这个名字的人将能得到国际性商标保护，从而将获得超出其竞争对手的巨大好处。

本位账户有限公司[①]吸收的以它决定接受的任何现有货币表现的存款及与该本位等价的信用，必须被投资于高流动性证券或其他能带来净实际收益的资产，或以该本位发放贷款。

建立本位账户有限公司的主要难题（和风险）可能是，为了信守承诺，它必须时刻准备着，并有能力满足其业务增长，而如果它能维持其本位的价值在其所确定的水平上，也就是说，如果它能在任何时间吸收以其他货币标价的任何数量存款，那么这种增长会很迅速。同样，它也必须能够见票即付给持有者以足够数量的其他货币，使之能在商品交易所购进该本位所规定的一定数量的各种商品。对持票人的这种要求的唯一限制只能是，本位账

---

① Standard Accounts Limited，作者假想的经营作为货币单位的本位账户业务的公司。——译者注

户有限公司应得到一笔该本位的出售价格高出于其兑付价值之上的比例不大的溢价。

当然，关键问题是，这样一家本位账户有限公司对它必须随时吸收的数量不可预测的流通中的货币应如何进行投资，才能随时应持票人要求兑付数量可能很大（很可能非常巨大）的同种货币。如果那些必须保持完全流动性的资产也完全有可能获得真正收益，那么这一障碍也不是不可克服的，但它显然会引起若干难题。

只要这些机构能够获得充分的信任，它所握有的大部分结存就会很快被主要用于账户间转账，只有一小部分必须用现金（用目前流通的货币）偿付。但这可能会带来一种危险的诱惑，而不能对上述难题的解决提供真正的答案。

现有银行的反应

要探讨清楚这些问题，需要更多的篇幅，不过我们或许可以得出一个现实的结论：这样一种机构要能正常运转，需要依靠现有银行的积极帮助。但对于这些银行来说，这个制度是不期而至的竞争者，它们不仅根本不可能去帮忙；相反，这个制度完全不同于传统银行的制度，这种制度对它们来说是完全陌生的，也是很难理解的。

某一金融中心的各家银行的普遍抵制，确实完全会成为创造这样一种机构的致命障碍，但这也意味着，第一个建立起这样一种机构的另一金融中心所能得到的潜在收益是无可估量的，尤其是对于伦敦来说，这种试验完全能够提供一个难得机会，使其可以恢复作为世界性金融中心的地位，甚至会比以前的地位更高。

对新账户单位的标志性称呼"本位"的独有使用权能否提供国际性法律保护，似乎让人疑虑。若干竞争性机构使用自己起的可把彼此区分开来的名号可能更好一些，甚至在其自己国家内也不拥有垄断权，只要它们同意编制本位指数（并定期修订）即可。

从长远来看，这样一种共同的国际交易单位至少有可能主要被用于批发或其他大宗交易活动（尽管也包括旅行中的支付）。我想象不出这个本位会在零售业务中被用于标价。对于地方性企业来说，铸币、钞票，甚至一些支票或信用卡等这类地方性货币仍会被人们普遍偏爱。但我认为，这种货币单位一旦出现，它会越来越普遍地成为企业订立长期合同的单位。若以此本位来订立合同，则这份合同的未来价值就能被准确地计算出来。我在《货币的非国家化》中曾提出，法院将会逐渐把所有合同解释为其最初就是依某种稳定货币来订立的，这样，合同价值不确定的难题就会迎刃而解。

而荒唐的"国家货币"概念及政治滥用它的永恒诱惑终将消失——这不过是时间早晚的问题而已。